교과서의 쓸모

부와 권력을 만드는 핵심 개념 20

교과서의 쓸모

부와 권력을 만드는 핵심 개념 20

초판 1쇄 발행 2023년 5월 10일

지은이 임라원
편집 구도경, 김현지
디자인 서승연(nemossy@naver.com)
펴낸이 임라원
펴낸곳 모길비(모든 길을 비추는)
출판등록 2022년 5월 23일 제2022-000115호
문의 mogilby@intellution.co.kr

ISBN 979-11-979378-4-2

•모길비는 우주북스의 인문·사회 전문 출판 브랜드입니다.
•이 책은 2022년 출간된 《교과서의 쓸모》의 개정판입니다.
•잘못 만들어진 책은 구입하신 곳에서 교환해드립니다.
•책값은 뒤표지에 있습니다.

•문의는 mogilby@intellution.co.kr로 주시면 감사드리겠습니다.

임라원 지음

부와 권력을 만드는 핵심 개념 20

교과서의 쓸모

WEALTH

POWER

모길비

더 나은 미래를 위해
기적을 함께 만들어주신 분들

리디아 민	노소영	KDK	최유와
오스틴 현	안혜림	이세희	이태희
이준형	조해성	김문희	서지원
김현지	김지선	노하나	박소라
조혜정	이정우	이호영	김자연
이원현	김지영	조히라	김경진
김진상	백종욱	강예림	이안
민시연	윤혜민	김주형	김미란
김보람	서동욱	김미자	이민영

이외 익명의 천사들

청소년은

이 나라의 미래입니다.

그리고 우리 모두는

이 세상의 빛이자 가능성입니다.

밝은 미래의 선한 세상을 위해

이 책을 바칩니다.

할 수 있습니다.

모든 것은 가능합니다.

여러분을 믿습니다.

개정판을 내며
부와 권력을 얻기 위한 자산

THE ESSENTIAL ASSET FOR WEALTH AND POWER

저에게는 버릇이 하나 있습니다. 원하고 꿈꾸는 것이 생길 때마다 그 꿈을 종이에 크게 적어서 벽에 붙인다는 것입니다. 2022년에 붙인 종이에는 이런 문구가 적혀 있었습니다. "나는 베스트셀러 작가가 된다. 그리고 나는 책을 통해서 사람들에게 꿈과 희망을 전한다." 2023년 1월이 되어 다시 그 종이를 바라봤습니다. 제 꿈은 이뤄졌을까요? 네, 그것도 아주 세세하게 모두 다 이뤄졌습니다.

《교과서의 쓸모》는 제가 살면서 처음으로 집필한 책이자 전국의 수많은 청소년들과의 연결고리를 만들어준 고마운 책입니다. 책을 출판한 지 이틀 만에 한 고등학생으로부터 메시지를 받은 적이 있습니다. 학생은 저에게 이런 말을 남겼습니다. "작가님, 저는 그동안 살면서 단 한 번도 교과서가 쓸모 있다고 생각해본 적이 없습니다. 사실 지금도 자퇴를 고민 중입니다. 그러나 작가님의 책을 읽고 저도 희망이라는 것을 품게 됐습니다. 살면서 도전이라는 것을 해보고 싶어졌습니다."

메시지를 읽는 순간 저도 모르게 이런 고백을 했습니다. "나의 마음이 누군가에게 닿는다는 건 진심으로 황홀한 일이구나. 정말 바라는 대로 모두 이뤄졌구나." 놀랍게도 저는 그 이후 아주 많은 학생들로부터 이와 비슷한 메시지를 받기 시작했습니다. 그리고 이들이 보내온 메시지는 그동안에 제가 받아 본 그 어떤 메시지보다도 의미가 깊었습니다. 저는 그들의 메시지를 통해 대한민국의 밝은 미래와 희망을 봤기 때문입니다.

이 이야기를 여러분께 말씀드리는 이유가 있습니다. 그만큼 청소년은 이 나라의 미래이자 빛과 소금이라는 것을 보여드리기 위해서입니다. 21세기의 대한민국이 세계 무대에서 경제 강국으로 인정받고 있다고는 하지만, 사실 아직도 우리의 주변에는 집안 형편이 어려워서 공부를 하고 싶어도 하지 못하는 친구들이 더 많습니다. 저는 우리의 미래 세대가 경제적인 이유로 자신의 꿈을 포기하지 않았으면 하는 마음이 굴뚝같았습니다. 그래서 제가 이 책을 썼던 이유는 오직 하나입니다. 그것은 책을 통해서 얻는 수익으로 청소년 교육 장학금을 마련하는 것이었습니다.

책을 쓰고 나면 몇 가지 좋은 점이 있는데 그중 하나는 강연 요청이 많이 온다는 것입니다. 아무래도 이 책은 고등학교 교과서에 나온 개념들을 토대로 부와 권력의 본질을 다뤘기 때문에, 저에게 오는 강연 요청도 주로 고등학교가 많습니다. 그래서 그 덕분에 한동안은 여러 고등학교를 방문하며 다양한 학생들을 만난 것 같습니다.

강연을 할 때마다 느끼는 것이 있습니다. 그것은 어떤 학생들은 눈이 초롱초롱하기도 하고 어떤 학생들은 아예 책상에 엎드려 자기도 한다는 것입니다. 저는 전교 꼴등도 해봤고 전교 1등도 해봤기 때문에 학생들이 언제 집중을 하고 언제 책상에 엎드려 자는지를 그 누구보다 잘 안다고 자부합니다.

혹시 전교 꼴등을 해보신 적이 있으신가요? 경험자로서 자신 있게 말씀드리겠습니다. 꼴등을 아주 오랫동안 하다 보면 이런 마음이 들 때가 있습니다. "아, 이제는 0점도 모자라 바닥을 뚫을 기세다. 인생 망했다. 아, 몰라. 그냥 잠이나 자."

이런 마음이 들 때면 정말 그 어떤 것도 하기가 싫어집니다. 그러니 저 같은 특별 강사가 왔을 때는 더 짜증이 나는 것입니다. 강연을 들어봤자 인생에 별 도움이 안 될 것 같다는 생각이

들기 때문입니다. 그래서 이럴 때는 그저 책상과 물아일체가 되고, 교과서는 덤으로 최고의 베개가 되는 것입니다.

그러나 저는 이들을 일으켜 세우는 방법도 잘 압니다. 그것은 바로 할 수 있다는 믿음, 그리고 그것이 가능하다는 믿음을 알려주는 것입니다. 그렇다면 우리는 무엇을 할 수 있을까요? 우리는 가치를 창출할 수 있습니다. 새로운 가치와 가능성을 창출하는 것. 이것이 인간이라는 생명체가 탄생한 근본적인 이유입니다.

저는 인생에 새로운 가치를 창출함으로써 희망찬 삶을 살아 보고 싶은 학생들을 위해서라도 개정판을 쓰기로 결심했습니다. 《교과서의 쓸모》 같은 책도 새로운 가치를 창출하기 위해 개정판을 낸다면, 우리의 미래 세대는 그 이상으로 더 멋진 가치를 창출할 수 있다고 믿기 때문입니다.

새로운 가치를 만들기 위해서는 새로운 힘이 필요합니다. 그리고 그 힘은 독서를 통해 기를 수 있습니다. 독서는 삶에 있어서 매우 큰 자산이 됩니다. 그러나 현재의 교육 제도는 우리의 아이들이 생각이라는 자산을 모으는 것보다 암기 위주의 시험에서 고득점을 받을 것을 요구합니다. 그리고 그 과정에서 현재의 교과서는 점수를 받기 위한 수단이 될 뿐입니다.

안타깝지만 시험에서의 고득점은 단기적인 성공만을 보장

할 뿐 장기적인 성공을 보장하지는 못합니다. 생각하는 힘. 이것이 진정으로 단기적 그리고 장기적 성공도 모두 보장하는 최고의 자산이자 가치입니다. 생각의 힘은 복리의 마법도 대단합니다. 생각은 또 다른 생각을 불러와 창조라는 위대한 가치를 창출하기 때문입니다.

생각의 힘이라는 자산을 증식하기 위해서는 자산을 쉽게 얻을 수 있는 환경이 조성돼야 합니다. 그런 의미에서 이번 개정판은 누구나 쉽게 부와 권력의 핵심을 이해할 수 있도록 쉬운 단어, 문장, 그리고 예시를 쓰는 데에 최선을 다했습니다. 읽는 순서에 있어서는 다음의 순서를 제시하고 싶습니다. 그것은 '부'의 부분을 먼저 읽고 그다음으로 '권력'의 부분을 읽는 것입니다.

21세기의 자본주의 그리고 민주주의 사회에서는 돈의 성격 그리고 흐름을 먼저 파악해야 이를 관리하는 권력이라는 수단을 이해할 수 있습니다. 부와 권력은 불가분합니다. 그러나 부의 본질만 이해하고 권력의 본질을 이해하지 못한다면, 부는 오래 유지되지 못합니다. 부를 보호하는 방패는 권력이고, 권력을 보호하는 방패는 사람입니다. 그렇다면 사람을 보호하는 방패는 무엇일까요? 그것은 부와 권력을 선하게 사용하는 마음과 생각입니다. 그런 의미에서 저는 첫 번째로 '부' 그리고 두 번째로 '권력'을 읽어보실 것을 제안합니다. 결국 우리의 목표는 '사람'을 지키는 것이기 때문입니다.

개정판을 쓴 이유에 대해서는 모두 설명해 드렸습니다. 그럼 이제부터는 본격적으로 교과서가 어떻게 쓸모 있는지 확인하셔야겠지요? 아, 그 전에 우리 한번 다음의 비전을 선포해보면 어떨까요?

저는 이번 개정판을 통해 여러분과 함께 다음의 기적을 만들어보려고 합니다.

1. 이 책은 전국의 학생들이 큰 꿈과 희망을 품고 새로운 도전을 펼쳐나갈 수 있도록 도움을 준다.

2. 이 책은 아주 오랫동안 막대한 수익을 창출하여 그에 따른 막대한 청소년 교육 장학금을 마련한다.

3. 할 수 있다. 모든 것은 가능하다. 그 누구보다 확신한다.

추천의 글

본질을 찾아가는 여정의 책

주식농부 박영옥 스마트인컴 대표

투자자로 살아온 지 30년이 넘었다. 투자자로서 꽤 큰 성공을 거둔 나에게 사람들은 특별한 비법을 묻는다. 믿지 않는 사람들도 많지만, 그 비법은 아주 간단하다. 기업의 본질을 보고 시간에 투자한다는 것이다. 숫자를 보는 것도, 세상의 흐름을 보는 것도, 사람들의 말을 들어보는 것도 기업의 본질에 도달하기 위한 도구다. 번지르르한 기업의 이미지와 잘 드러나지 않는 핵심의 차이를 봐야 한다. 일시적인 들썩임과 세상의 흐름을 구별해내야 한다. 소문과 이슈에 흔들리지 않고 기업의 본질을 시간의 흐름 위에서 관조하는 것이 투자의 본질이다.

본질은 시대가 흘러도 변하지 않는다. 그래서 본질을 안다는 것은 인생의 나침반을 쥐고 있는 것과 다름없다. 나는 투자자로서 이를 깨달았다. 투자는 개인의 이익을 위한 행위이면서도 우리 모두를 위한 넓고 큰 길이다. 우리가 사는 세상을 지탱해주고 우리 삶을 윤택하게 해주는 기업에 투자해줘야 우리도 더불어 잘 살 수 있다. 국민이 잘 살아야 국가도 존속할 수 있기에 투자는 그만큼 중요한 행위다. 이러한 깨달음이 환갑이 훌쩍 지난 지금까지도 투자자로서의 삶을 살아가는 동력원이 되어주기도 하며, 사회운동가를 자처하며 자본시장을 개선시키고자 노력하게 만들기도 했다. 즉 본질에 대한 깨달음이 지금의 나를 있게 한 것이다.

그런 의미에서 이 책 《교과서의 쓸모》는 매우 반갑고도 흥미롭다. 얕은수로 이익을 도모하고자 하는 세태에서 부와 권력의 본질에 집중하는 것이 반갑다. 시험에 나오는 것만 외우고 입시 이후에는 잊어버리는, 모두가 배웠던 교과서에서 탐구의 길을 찾는 것도 매우 참신하다. 본질을 모르면 파도처럼 어지럽고 갈대처럼 불안하다. 파도는 광대한 바다의 표면일 뿐이며 줄기가 휘청거려도 뿌리는 그 자리에 있다. 본질을 알아야 하는 이유다. 이 책을 통해 각자의 분야에서 본질을 찾아가는 여정을 떠나보길 바란다. 분명, 이 책이 여러분의 여정에 교과서이자 지침서가 될 수 있을 것이다. 그리고 더 많은 사람들이 그런 여정에 동참할 때 우리가 사는 이 세상도 지금보다 훨씬 더 밝아질 것이라고 확신한다.

MZ세대 리더의 꿈과 열정으로 미래를 바꾸는 책

구재상 케이클라비스 회장, 前 미래에셋자산운용 부회장

나는 평생을 금융인으로 살아오면서 30대와 50대 초반에 두 차례 창업을 했다. 따라서 젊음의 열정이 많은 것을 변화시키고 이룰 수 있다는 것을 몸소 경험한 바 있다. 사실 창업은 누구나 아는 바와 같이 젊음의 열정이 중요하다. 여기 젊음의 열정을 가지고 한 사회의 미래를 바꾸고자 하는 마음을 보여주는 책과 사람이 있다. 《교과서의 쓸모》를 집필한 임라원 대표다.

저자는 MZ세대 리더다. 저자는 책을 통해 이 세상에는 꿈을 꾸는 리더와 존경받을 수 있는 부자가 필요하다는 것을 강조한다. 꿈을 꾸는 리더는 '책임'이라는 의무와 선한 가치관을 통해 한 사회의 새로운 방향성을 제시하고, 존경받는 부자는 '나눔'이라는 행동과 부의 선순환을 통해 한 사회의 역동적인 경제를 이끌기 때문이다.

우리는 다가오는 미래 사회의 잠재적 갈등 요소들을 풀어나가기 위해 더 많은 꿈을 꾸고 그 꿈을 존중하며 서로가 상부상조하는 사회를 만들어야 한다. 저자는 이러한 목표를 이루기 위해 아주 쉬운 경제 그리고 정치 개념을 통해 어떻게 하면 한 사람과 한 사회가 더 베풀고, 존중하고, 선한 가치를 창출할 수 있는지를 알려준다. 나는 앞으로 더 많은 청년들이 《교과서의 쓸모》를 읽고 더 큰 꿈과 열정을 갖기를 바라며, 그 꿈과 열정으로 우리 사회의 선한 리더가 되기를 바란다.

존중과 배려로 좋은 공동체를 만드는 길잡이 책

서창록 고려대 교수, UN 자유권위원회 위원, 휴먼아시아 대표

이 책은 따뜻한 책이다. 부와 권력을 추구하면서도 서로를 존중하고 배려하며 좋은 공동체를 만들어 갈 수 있는 길잡이가 되는 책이다.

나는 교과서에 이렇게 핵심 내용이 들어가 있다는 것을 미처 알지 못했다. 이 책을 읽으면서 교과서의 기본 개념을 제대로 잘 파악하면, 삶의 지혜를 얻을 수 있다는 생각을 했다. 필자는 이 부분을 간파하고 핵심 20개의 내용을 분석한다. 교과서에 나오는 부와 권력의 핵심 개념을 해설하면서 어떻게 우리가 올바르게 살아갈 수 있는지 방향을 제시해 준다. 어떻게 진정한 부를 창출하고 존경받는 권력이 되는지 삶의 지침을 제공하고 있다.

부와 권력을 추구하는 우리 모두가 꼭 한번 읽어보면 좋은 책이다. 우리 모두 이 책을 읽고 가이드라인을 쫓다 보면 행복한 사회가 올 것 같다는 생각이 든다.

부와 권력을 만들고 싶다면 꼭 읽어봐야 할 책

최창희 스토리위너컴퍼니 대표

성공한 사람들은 어떻게 그 자리까지 가게 됐을까? 《혼자 일하며 연봉 10억 버는 사람들의 비밀》을 집필하면서 붙잡고 있던 화두였다. 임라원 작가는 이 화두를 우리에게 익숙한 교과서를 토대로 풀어낸다. 고등학교 〈경제〉, 〈정치와 법〉 교과서에서 배운 핵심 개념 20가지에 그 답이 있다는 것이다.

희소성, 수요와 공급, 기회비용, 인플레이션, 기본권, 평등권… 우리가 익히 들어 알고 있는 교과서의 개념들이 가진 의미를 또 다른 시각으로 풀어낸다. 작가가 지난 10여 년 동안 유수의 기관에서 일하며 모시던 리더들이 교과서의 핵심 개념을 어떻게 이해하고 삶에 적용하며 부와 권력을 얻게 되었는지를 읽다 보면, 교과서의 쓸모를 자연스럽게 터득하게 될 것이다.

교과서에서 배운 핵심 개념 20가지의 본질을 알고 내 삶에 적용한다면 당신에게도 그 행운이 찾아올 것이다.

부를 보호하는 방패는 권력이고,
권력을 보호하는 방패는 사람입니다.

그렇다면 사람을 보호하는 방패는 무엇일까요?

그것은 부와 권력을
선하게 사용하는 마음과 생각입니다.

우리의 목표는 사람을 지키는 것입니다.

잊지 마십시오.
우리의 목표는 언제나 생명이라는 것을.

차례

PART 2

권력(POWER)을 만드는 핵심 개념과 본질

프롤로그

교과서에 숨어 있는
핵심 개념들이
부와 권력을 만든다

THE QUINTESSENCE

프롤로그
교과서에 숨어 있는 핵심 개념들이 부와 권력을 만든다

초등학교, 중학교, 고등학교를 거치면서 나를 포함한 대한민국의 모든 학생들이 살면서 꼭 한 번씩은 물어본 질문이 있을 것이다. "교과서에서 배운 내용이 내 삶에 얼마나 도움이 될까?"

우연한 기회로 고등학교 교과서를 다시 읽어볼 수 있었다. 오랜만에 교과서를 보니 정말 반가웠다. 고등학교 시절이 생각나면서 그때의 추억들이 떠올랐기 때문이다. 그래서 기쁜 마음에 고등학교 〈경제〉 교과서를 펼치고 얼른 첫 번째 단원을 읽어 내려갔다. 첫 번째 단원을 읽는 순간 온몸에 소름이 돋았다. 생각보다 고등학교 〈경제〉 교과서에 나오는 기본 개념들이 실제로 우리의 삶에 꼭 필요한 개념들로만 작성됐기 때문이다. 더 솔직하게 말하자면, 고등학교 〈경제〉 교과서에 나오는 기본 개념들은 실제로 내가 이때까지 본 모든 부자들이 실천하고 있던 기본 개념들이었다.

혹시나 해서 고등학교 〈정치와 법〉 교과서도 펼쳐서 읽어봤다. 〈정치와 법〉 교과서도 마찬가지였다. 교과서에 등장하는 기본 개념들은 실제로 우리의 삶에서 꼭 알아야 하는 기본 개념들이었고, 이 개념들은 그 누구보다도 존경받는 리더들이 적용하고 있던 개념이었다.

나는 아직 청춘이다. 그러나 나는 지난 10여 년 동안 여러 분야에 걸쳐서 일 경험을 쌓을 수 있었다. 내가 이때까지 다뤘던 주요 분야는 정치, 경제, 외교, 법이었다. 이유는 모르겠지만 나는 언제나 분석가로 일을 했다가 분석과 보좌의 일을 겸하는 경력을 갖게 됐다. 그런데 나는 리더분들을 곁에서 모시면서 한 가지 중요한 점을 배울 수 있었다. 그것은 바로 세상으로부터 존경받는 리더는 자신의 삶을 개척함에 있어서 그 누구보다도 문제의 '본질'에 집중한다는 것이다.

나는 철저한 관찰자였다. 그러나 본질의 중요성을 깨달은 이후부터 나는 리더분들을 따라 문제의 본질에만 집중하기 시작했다. 다른 것은 하나도 신경 쓰지 않았다. 그러나 문제의 본질에만 집중하다 보니, 나의 삶은 완전히 달라지기 시작했다. 살아가면서 더 좋은 기회, 제안, 가능성, 그리고 행운을 얻었기 때문이다.

누구나 각자만의 방법으로 본질에 충실해지려 한다. 내가 모신 어떤 분께서는 주로 경청으로 본질을 파악하시려고 했고, 어떤 분께서는 경험으로 본질을 파악하시려고 했다. 나 또한 경청과 경험 모두를 시도해봤다. 그러나 나는 이 방법들보다 나만의 방법으로 본질을 파악하는 방법을 터득하게 됐다. 그 방법은 바로 세상에 존재하는 모든 학술적 개념과 이론을 나만의 철학적인 방식으로 재해석하여 삶에 적용하는 것이다.

이 방법을 적용한 이후부터 내 삶은 상상도 못 했던 기회와 행운을 얻기 시작했다. 정말 '상상'도 못 했던 그런 기회와 가치들 말이다.

요즘 사람들은 '부'에 큰 관심을 보인다. 먹고 사는 것이 힘드니 돈이 최고라는 생각을 갖고 있기 때문이다. 그렇다. 돈은 대단히 좋은 것이다. 나도 돈을 좋아한다. 그리고 돈이 창출할 수 있는 선한 가치는 더더욱 좋아한다. 그러나 나는 이런 가치들을 경험하며 한 가지 중요한 사실을 깨달았다. 세상에 더 많은 가치를 창출하려면, 권력도 필요하다는 것을 말이다.

그런 의미에서 나는 돈만 생각하는 사람들에게 이 말을 전하고 싶다. 돈도 중요하지만 힘도 대단히 중요하다는 것을 말이다. 사람은 먹고사는 문제가 더 시급하기 때문에 힘 혹은 권력이라는 거대 담론까지 생각하기에는 심적인 여유가 부족하다. 그러나 나는 리더들을 보좌하면서 한 가지 사실을 깨달았다. 그것은 '부'와 '권력'은 서로 겉모습만 다를 뿐 그 속은 철저히 똑같다는 것이다. 그러나 '권력'은 '부'보다 조금 더 이해하기가 어렵다. '권력'은 근본적으로 사람을 다루기 때문이다. 그래서 나는 항상 '권력'을 설명하기 이전에 '부'부터 설명한다. '부'부터 먼저 이해해야 '권력'이 왜 중요한지 이해할 수 있기 때문이다.

진정한 '부'와 '권력'을 원한다면, 우리는 '부'와 '권력'이 우리에게 보내고 있는 메시지가 무엇인지 알아야 한다. '부'와 '권력'이 보내는 메시지를 이해하려면, 우리는 이들의 '본질'부터 파악해야 한다. 본질을 파악하는 데에는 기초 개념을 알려주는 고등학교 교과서를 읽는 게 좋다. 수많은 교육 전문가분들께서 우리를 대신하여 모든 세대가 꼭 알아야 하는 핵심 개념들을 교과서에 넣으셨기 때문이다. 그래서 나는 이 책을 쓰기 위해 고등학교 〈경제〉 그리고 〈정치와 법〉 교과서에 나오는 핵심 개념들을 활용했고, 핵심 개념을 나만의 정의로 정리했다.

〈경제〉 교과서는 '부'가 우리에게 보내고 싶은 메시지가 무엇인지 알려줄 것이다. 그리고 내가 〈경제〉 교과서에서 직접 추출한 총 10가지의 핵심 개념은 '부'를 이루는 개념들이 당신의 삶을 어떻게 바꿀 수 있는지 알려줄 것이다. 〈정치와 법〉 교과서도 마찬가지다. 〈정치와 법〉 교과서는 '권력'이 우리에게 보내고 싶은 메시지가 무엇인지 알려줄 것이다. 그리고 내가 〈정치와 법〉 교과서에서 직접 추출한 총 10가지의 핵심 개념은 '권력'을 이루는 개념들이 당신을 어떤 사람으로 바꿀 수 있는지 알려줄 것이다.

나는 이 책에 내가 그동안 '부'와 '권력'을 관찰하면서 느끼고 배운 것들을 최대한 녹여내려고 노력했다. 그래서 이 책에는 나의 지혜뿐만 아니라 그동안 나를 이끌어주신 훌륭한 멘토, 리더분들의 지혜도 담겨 있다. 본질을 파악하는 순간 당신은 '부'와 '권력'뿐 아니라 세상에 존재하는 모든 '가능성'을 얻을 수 있을 것이다. '부'와 '권력'만큼 선한 가치를 창출하는 훌륭한 도구이자 수단이 없다. 우리 사회에는 더 선한 가치를 창출하는 부자와 리더가 필요하다. 그런 의미에서 나는 새로운 세상의 선한 패러다임을 그리고 싶은 존재들을 위해 이 책을 바치도록 하겠다.

할 수 있다. 모든 것은 가능하다. 나는 당신을 믿는다.

임라원

PART 1

부를 만드는
핵심 개념과 본질

WEALTH

PART 1
부(Wealth)를 만드는 핵심 개념과 본질

'부'라는 개념을 이루는 데는 아주 많은 요소들이 있지만, '부'의 핵심을 이해하는 데는 총 10가지 핵심 개념들이 필요하다.

'부'를 이루는 10가지 핵심 개념은 다음과 같다. 1) 희소성, 2) 수요와 공급, 3) 경제원칙(효율성), 4) 기회비용, 5) 시장, 6) 경제성장률, 7) 투자, 8) 인플레이션, 9)경제적 유인, 10) 정부 실패.

Part 1에서는 '부'를 이루는 10가지 핵심 개념의 본질을 재해석함으로써 '부'가 당신에게 어떤 삶의 통찰적 메시지를 보내고 싶은지 말하려 한다.

'부'는 당신이 의미 있는 삶을 살기를 바란다. 그리고 '부'는 당신이 그 누구보다도 선한 부자가 되기를 바란다. 그럼 지금부터 '부'의 핵심 개념과 본질을 탐구해보도록 하자.

부는 가치가 높은 사람을 좋아합니다.
그러니 당신의 가치를 올리십시오.
가치는 기다리는 것이 아닙니다.
행동으로 만들어 나가는 것입니다.

1. 희소성

희소성의 핵심은 한정이다. 인간은 언제나 원하는 대상이 있다. 대상은 한정적이나 그것을 원하는 사람이 많을 경우, 우리는 그 대상을 희소적이라고 표현한다.

내면의 아름다움을 가진 품격 있는 부자는 세상에 몇 안 된다

당신은 세상에 얼마나 필요한 존재인가?

'부'와 관련한 한 가지 흥미로운 사실이 있다. 그것은 전 세계 어디에서든 '부'를 창출하려는 사람은 희소성의 기본 개념부터 짚고 넘어간다는 것이다. 경제학에는 수많은 이론이 있다. 그럼에도 불구하고 부자들이 희소성의 개념부터 짚고 넘어가는 이유는 간단하다. 희소성은 대단히 상대적이기 때문이다.

여기서 상대적이라는 의미는 다음과 같다. 그것은 인간의 수요 대비 자원의 공급이 상대적으로 부족하다는 것을 의미한다. 쉽게 말하자면 희소성은 말 그대로 너무나 희소해서 찾기 어렵다는 것을 의미한다. 그렇다면 희소성이라는 개념을 철학적으로 재해석하여 우리의 삶에 적용해보면 어떨까? 희소성을 우리의 삶에 적용해보자면 우리는 다음의 질문을 할 수 있다. "당신은 세상에 얼마나 필요한 존재인가?"

희소성을 판단하는 일반적 기준 : 대체할 수 없는 능력과 지식

이 질문을 들었을 때 당신은 어떤 답변을 할 수 있는가? 만약에 당신이 이 질문에 대해 "저는 세상에 엄청나게 필요한 존재입니다"라고 말할 수 있다면, 당신은 희소성이 매우 높은 사람임이 틀림없다. 그렇다면 인간에게 있어서 희소성을 판단할 수 있는 일반적인 기준은 무엇인가?

여러 기준이 있겠지만 대부분의 사회에서는 한 사람의 능력과 지식을 희소성의 기준으로 삼는다. 예를 들어보자. 당신에게는 그 누구도 따라 할 수 없는 아주 특별한 능력과 지식이 있다. 그래서 시장에서는 당신을 대체할만한 사람이 없다. 대체할만한 사람이 없다는 것은 아주 큰 의미를 지닌다. 이는 그 누구도 당신만큼 특별한 능력을 발휘할 수 없기 때문에 당신의 몸값은 하늘을 찌를 수밖에 없다는 것을 의미하기 때문이다.

특별한 지식을 갖고 있거나 특별한 능력을 갖고 있는 사람들의 몸값이 높은 이유가 바로 희소성의 원칙 때문이다. 세상은 공평하지 않다. 희소성이 높은 사람은 남들이 버는 1년의 연봉을 한 달에 벌 수도 있고 하루에 벌 수도 있다. 그래서 당신이 엄청난 '부'를 쌓고 싶다면, 당신은 남들이 다 할 줄 아는 일을 하면 안 된다. 더 큰 것을 바라는 사람은 더 큰 것을 담을 수 있는 그릇이 필요하기 때문이다. 그리고 그러기 위해서는 그 누구와도 비교할 수 없을 정도로 특별해야 하기 때문이다.

희소성을 판단하는 새로운 기준 : 인격

여기까지는 대부분의 사람들이 '부'와 관련한 자기계발서에서 말하는 희소성의 개념이다. 그러나 나는 여기서 반 발짝 앞으로 나가고자 한다. 그것은 바로 인격의 희소성이다. 풍요한 사람에는 두 종류의 사람이 있다. 졸부(猝富)와 거부(巨富)다.

졸부는 돈은 많다. 물론 모든 졸부가 그런 것은 아니지만 졸부는 그 어떤 수단과 방법을 가리지 않을 정도로 돈을 좋아한다. 그러나 수단과 방법을 가리지 않는다는 데에는 몇 가지 의미도 담겨 있다. 수단과 방법을 가리지 않는다는 것은 비윤리적, 비도덕적, 혹은 불법을 써서라도 자기가 원하는 것을 얻겠다는 뜻이 숨어 있다.

어둠의 경로를 이용한다면 사람들은 자신이 원하는 '부'를 최대한 많이 축적할 수 있을 것이다. 그리고 사회가 이러한 어둠을 용인할 때 검은 '부'는 더 늘어날 수밖에 없다. 그러나 나는 묻겠다. 이것이 진정으로 당신이 바라는 '부'란 말인가? 그렇지 않을 것이다. 옳지 않은 경로로 얻은 '부'에는 언제나 뒤탈이 따르기 때문이다. 그래서 21세기의 '부'는 그 무엇보다도 한 사람의 품격인 인격을 대단한 희소가치로 여긴다. 그만큼 생각보다 깨끗하게 돈을 벌고 '부'를 축적하여, 이 '부'를 의미 있게 쓰는 사람이 흔하지 않기 때문이다.

졸부의 희소가치가 낮은 이유

나는 '부'와 관련해서 늘 주장하는 것이 있다. 돈만큼 무서울 정도로 기회주의적인 존재가 없다는 것이다. 기회주의의 뜻은 단순하다. 그저 나에게 도움이 될 것 같다고 생각하면 태세를 바꾸는 게 기회주의다. 돈은 기회주의적이다. 그래서 돈은 자신의 가치 혹은 영향력을 극대화해줄 주체를 찾아 나선다. 그런데 예를 들어 돈이 어쩌다가 졸부의 지갑에 머물게 됐다고 상상해보자. 돈의 입장에서는 이것만큼 난처한 상황이 없는 것이다. 돈이 더 훌륭한 인격을 지닌 주체에게 가야 하는데, 운이 안 좋아서 졸부한테 발이 묶였기 때문이다.

돈이 졸부한테 오래 머물고 싶지 않은 이유는 하나다. 인격을 갖추지 못한 사람과 함께 해봤자 돈에게도 좋을 게 하나 없기 때문이다. 내가 본 졸부에는 특징이 있다. 그들은 신기할 정도로 단타성 혹은 일회성 사업으로 돈을 번다는 것이다. 우선 단타성 졸부부터 살펴보자. 사실 졸부에도 여러 유형이 있다. 그러나 내가 본 진짜 돈 많은 단타성 졸부들은 하나같이 주로 사기, 도박, 유흥으로 '부'를 축적했다. 이는 즉 무슨 뜻이겠는가? 단타성 '부'는 품격을 요구하지 않는다는 것이다.

일반적으로 품격을 요구하는 것들은 진위를 오랫동안 검증한다. 그런데 한번 이렇게 생각해보자. 사기, 도박, 유흥으로 돈을 버는데 꼬리가 길면 어떻겠는가? 진위를 검증한 후 경찰은 손목에 수갑을 채우며 "자, 당신은 묵비권을 행사할 수 있고, 변호사를 선임할 수 있으며…"라고 말할 것이다.

당신이 한번 돈의 입장에서 이 상황을 목격했다고 생각해보라. 당신 같으면 이렇게 수갑 찬 사람을 좋아하겠는가? 그리고 필요로 하겠는가? 절대 그럴 리 없을 것이다.

그렇다면 일회성 '부'는 어떤가? 역시 이들의 끝도 좋지 않다. 이해하기 가장 쉬운 예시가 있다. 복권에 당첨되어 한순간에 부자가 된 사람이다. 정말이지 복권으로 졸부가 된 사람은 하나같이 복권에 당첨된 지 1~2년도 되지 않아 파산 신청을 한다. 왜 그럴까? 생각해보라. "야, 마셔! 나 복권 당첨됐잖아! 제일 비싼 거 시켜! 내가 다 쏜다!"라고 외치는데, 돈이 남겠는가? 남을 리가 없다. 그럼 우리는 이것을 통해 무엇을 배울 수 있는가? 쉽게 오는 것이 쉽게 떠나가는 것처럼, 돈도 쉽게 오면 쉽게 떠날 가능성이 크다. 그러므로 졸부의 희소가치는 낮을 수밖에 없다. 이들은 어두운 경로로 얻은 돈과 품격 없는 탕진으로 자신의 가치뿐 아니라 돈의 가치도 떨어뜨리기 때문이다.

거부의 희소가치가 높은 이유

거부는 이와 정반대로 그 누구와도 대체할 수 없는 품격을 갖추고 있다. 내가 봤을 때 거부는 조 이상의 단위를 보유해도 큰 문제를 경험하지 않는다. 이들은 돈을 어떻게 벌고 쓸지도 고민하지만, 자기 자신을 어떻게 하면 더 훌륭한 인격체로 성장시킬지 고민하기 때문이다. 물론 모든 거부가 그런 것은 아니지만, 진짜 거부들은 돈에 목숨 걸지 않는다. 왜일까? 그들은 어차피 자기 자신이 최고의 자산이라는 것을 이미 알고 있기 때문이다.

내가 본 진짜 거부들은 돈을 철저한 수단으로만 바라본다. 이는 즉 돈 그 자체가 목표가 아니라는 것이다. 이들은 돈이라는 수단을 씀으로써 돈이 창출할 수 있는 최고의 가치를 세상과 나누려 한다. 대체로 이런 가치는 선한 뜻에 쓰일 때가 많다. 그래서 거부는 어떻게 하면 자신이 가진 돈으로 더 좋은 사회를 만들고 더 좋은 세상을 발전시킬 수 있는지 끊임없이 고민한다. 그런데 이 일을 가능케 하려면 한 가지 조건이 붙는다. 이런 큰일은 혼자서 감당하기가 힘들어서, 진정한 거부는 한 사람의 이름으로 불리는 것이 아니라 한 가문의 이름으로 불린다는 것이다.

예를 들어보자. 경주에는 최 부자댁이라는 거부가 살고 있었다. 이들은 가난한 사람들에게 곳간을 내어주며 모두와 함께 잘 살려고 노력했다. 최 부자댁에는 한 가지 특징이 있다. 이름 끝에 '댁'이 들어간다는 것이다. 괜히 사람들이 이들에게 '댁'이라는 표현을 쓰는 게 아니다. 최 부자댁은 약 400년이 넘는 시간 동안 '부'를 축적하면서 그들이 가진 것을 많은 이들과 나눴기 때문에 '댁'이라는 호칭을 받게 된 것이다. 이는 그만큼 '부'를 통한 나눔을 실천하기 위해 한 가문이 몇 세대에 걸쳐서 한 뜻을 모았다는 걸 의미한다.

사실 이 모든 것은 인격이 기본적으로 갖추어지지 않는 한 쉽게 일어날 수 없는 '부'의 기적이다. 그런데 사람에게는 한 가지 심리적 특성이 있다. 사람은 마음 넓고 따뜻한 사람을 좋아한다는 것이다. 최 부자댁 같은 거부의 주변에는 사람이 많다. 이는 즉 거부에 대한 사람들의 수요는 상상을 초월한다는 것이다. 그러나 세상에는 이런 거부들이 아주 극소수로만 존재한다. 인격과 따뜻한 마음은 아무리 돈이 많다고 해도 쉽게 얻을 수 있는 것이 아니기 때문이다. 그래서 이들은 한 사회의 구성원으로서 훌륭한 인격을 소유하고 있으므로 희소성이 높은 것이다. 좋은 사람 곁에는 함께 있고 싶은 것이 인간의 본능이기 때문이다. (심지어 돈도 좋은 사람 곁에 있고 싶기 때문이다.)

고객은 영희가 물어봐 주는 안부를 원한다

졸부와 거부의 예가 너무 현실과 동떨어진다는 생각이 든다면 다음의 예를 한번 들어보겠다. 철수, 미애, 영희, 형준 모두 중

앙시장에서 상추를 판다. 이 중에서 언제나 최고의 수익을 올리는 사람은 영희다. 영희는 다른 사람들보다 200원 더 비싸게 상추를 판다. 그러나 사람들은 200원을 좀 더 주고서라도 영희네 가게에서 상추를 산다. 왜 그럴까?

그 이유는 바로 영희의 희소성에 있다. 다른 상인들은 상추만 판다. 그러나 영희는 미소가 담긴 인사도 판다. 영희는 시장에 지나가는 모든 사람의 얼굴과 이름을 기억한다. 그리고 그녀는 늘 고객에게 안부를 물으며 기분 좋은 대화를 건넨다. 이제 감이 좀 오는가? 사람들이 영희의 가게에 오는 이유는 단순히 상추를 사기 위해서가 아니다. 이들은 영희라는 사람에게서 나오는 기분 좋은 에너지를 얻고 싶어서 방문하는 것이다.

나라는 인격체의 내면이 정하는 희소성

왜 21세기의 사회가 철저한 자본주의로 운영되지만, 종국에는 인간의 감성을 추구하는지 아는가? 그만큼 좋은 사람을 찾기가 어렵기 때문이다. 그래서 좋은 사람을 발견하면 놓치기가 싫은 것이다. 좋은 사람은 어디에서든 수요가 넘치기 때문이다. 그럼 이 부분을 생각해보라. 수요는 많은데 공급이 적을 경우 어떤 일이 일어날까? 가격 즉 가치가 올라가는 것이다. 그러므로 진정한 부자는 희소성을 제일 먼저 주목하는 것이다.

당신이 '부'를 원하는 이유는 무엇인가? 그 무엇이 됐든 상관없다. 그러나 이왕 한 번 사는 인생에서 당신은 돈을 넘어 사람의 마음을 얻고 싶지 않은가? 그런 의미에서 우리는 다시 한번 희소성의 원리를 이해해야 하는 시점에 봉착했다. 나라는 인격체가 지닌 생각과 마음이 희소할수록, '부'는 그 가치를 함께 누리기 위해 저절로 다가올 것이기 때문이다.

2. 수요와 공급

수요의 핵심은 원하고 필요한 것을 돈을 주고 구매하려는 욕구다. 반면, 공급의 핵심은 어떤 것을 제공, 판매함으로써 돈을 벌려는 욕구다.

부의 선구자는 공급을 먼저 생각한다

수요가 먼저일까? 아니면 공급이 먼저일까?

당신이 어떤 상품을 갖고 있다고 가정해보자. 이 상품을 시장에 내놓으려면, 당신은 공급하고 싶은 욕구부터 들어야 한다. 그런데 한번 잘 생각해보자. 시장에 공급되는 상품이 없는데, 어떻게 그 상품을 구매하고 싶겠는가? 공급되는 상품도 없는데 그것을 원한다는 것은 말이 되지 않는다.

나는 어쩌다 보니 경제학을 한국과 미국 두 곳에서 배웠다. 그런데 한국의 경제학 교과서와 미국의 경제학 교과서에는 아주 큰 차이점이 있다. 그것은 바로 수요와 공급을 설명하는 방식이다. 한국의 고등학교 그리고 대학교에서 경제학을 공부해 본 사람들은 알 것이다. 우리는 언제나 수요의 정의를 먼저 배우고 공급의 정의를 배웠다는 것을 말이다. 그러나 미국에서는 이와는 정반대로 공급의 정의를 먼저 알려주고 그다음으로 수요의 정의를 알려준다.

처음에는 내가 미국에서 잘못 교육받은 줄 알았다. 나 또한 한국에서 경제학을 먼저 배웠기 때문이다. 그래서 나는 호기심에 다른 나라들의 경제학 교과서는 어떤지 한번 찾아봤다. 아주 흥미로운 사실을 발견할 수 있었다. 그것은 한국과 일본을 비롯한 몇몇 국가들은 수요를 먼저 가르치지만, 대부분의 국가들은 공급을 먼저 가르친다는 것이다. (한국에서는 수요와 공급이라는 표현을 쓰고 영미권에서는 Supply and Demand(공급과 수요)라는 표현을 쓰는 경우가 많다.)

수요가 바라보는 부 :
공급할 물건이 존재하는 상태

정말 놀랍지 않은가? 나는 항상 본질을 파고드는 것을 좋아한다. 본질을 파악하기 위해 나는 왜 한국과 일본에서는 '부'를 이야기할 때마다 공급보다 수요를 먼저 강조하는지 알고 싶었다.

처음에는 이 질문을 들고 경제학 교수님들을 찾아뵀었다. 교수님들께서는 대단히 경제학적인 이론으로 그 이유를 설명해 주셨다. 그러나 나는 학자가 아니다. 그래서 솔직히 말하자면, 나는 교수님들 앞에서 고개만 끄덕였을 뿐 그 원리를 제대로 이해하지는 못했다. 답답한 마음이 들었다. 조금 더 이해하기 쉬운 설명을 듣고 싶었다. 그래서 고민 끝에 결심했다. 그냥 나의 방식으로 본질을 파악해보기로 말이다.

우선 한국과 일본이 수요를 먼저 가르치게 된 이유를 이해하기 위해서는 이 두 국가의 역사적 배경을 살펴봐야 한다. 일본은 1800년대 중반부터 영국의 자유주의 경제학, 독일의 신역사학파 경제학, 그리고 마르크스의 사회주의 경제학 자료를 참고하여 일본만의 경제학 교과서를 만들었다. 그러나 현대적 시장 경제의 개념이 담긴 경제학은 일본에서도 1950년 이후에나 활발하게 발전했다. 왜 그럴까? 일본은 제2차 세계대전 종식 이후 한국 전쟁(6.25 전쟁) 때 엄청난 경제 호황기를 누렸기 때문이다.

한국 전쟁이 발발했던 1950년에 일본은 미군의 군수물자 보급창고이자 훈련장으로 쓰였다. 이를 '부'의 측면에서 설명하자면, 일본은 군수물자를 팔아 돈을 벌 수 있었기 때문에 굳이 색다른 경영 및 공급 체계를 구축할 필요가 없었다는 것을 뜻한다. 그래서 일본은 전쟁으로 야기된 끊임없는 군수물자 수요가 시장에 존재한다는 것을 전제로 삼았기에 수요의 측면에서 '부'를 바라봤던 것이다.

그렇다면 한국은 왜 수요를 먼저 가르치게 된 것일까? 과거 한국의 엘리트는 일본에서 유학한 경우가 많았다. 그래서 한국은 구한말 시기 우리말로 된 최초의 경제학 교과서를 만들 때도 일본이 사용했던 개념들을 거의 그대로 가져온 경우가 많았다.

공급이 바라보는 부 : 혁신적 선구자

수요의 입장에서 '부'를 바라보는 것은 잘못된 것이 아니다. 그냥 이 입장은 이미 시장에 물건이 존재한다는 것을 전제로 삼는다. 그래서 '부'의 영역에서는 시장을 바라보는 전제조건에 따라서 수요와 공급의 우선순위를 다르게 설정하면 된다.

그러나 나는 이렇게 생각한다. 진정으로 '부'를 창출하고 싶다면 결코 수요의 시점에서 '부'를 바라봐서는 안 된다는 것을 말이다. 세상을 변화시키고 싶거나 '부' 이상의 가치를 창출하고 싶은 사람은 수요보다 공급의 입장에서 세상을 바라보고 '부'를 바라봐야 한다. 이유는 아주 간단하다. 수요는 수동적인 자세에서 '부'를 바라보지만, 공급은 적극적인 자세에서 '부'를 바라보기 때문이다.

공급의 입장에서 '부'를 바라보는 사람은 선구자로서의 마음가짐을 가질 수밖에 없다. 이들은 세상이 무엇을 필요로 하기 전에 세상이 이들을 필요로 하게끔 만들기 때문이다. 세상이 나라는 존재를 필요로 하게끔 만드는 데에는 특별한 방법이 요구되지 않는다. 그저 "나라는 사람은 세상에 무엇을 공급할 수 있지?" 그리고 "나라는 사람은 사람들에게 어떤 가치를 선사할 수 있지?"라는 마음부터 가지면 된다. 그래서 공급을 생각하는 사람들은 경제 상황이 나쁘더라도 엄청난 자산을 모을 수밖에 없다. 어차피 경제가 좋지 않아도 이들은 그 상황에 굴복하지 않고 어떻게 해서든지 새로운 아이디어를 발굴하여 혁신을 일으키려고 하기 때문이다.

경제 상황을 탓하지 않고 좋은 아이디어를 통해 끊임없는 공급에 매달린 기업이 있다. 에어비앤비Airbnb라는 숙박 공유 서비스 기업이다. 에어비앤비의 비즈니스 모델은 단순하다. 집 혹은 방을 아주 잠깐 누군가에게 빌려줘서 수익을 창출하는 것이다. 2020년 4월 미국 뉴욕에서는 코로나 확산을 막기 위해 뉴욕 도시 자체를 봉쇄한 적이 있다. 사실 뉴욕에는 뉴욕에서 태어나고 자란 사람들보다 다른 주(州)에서 온 사람들이 더 많다. 이는 즉 뉴욕에는 집주인보다 월세 세입자가 더 많다는 것을 의미한다. 생각해보라. 어차피 뉴욕에서 평생 살 것도 아닌데 왜 집을 사겠는가?

그런데 이 부분이 시사하는 중요한 메시지가 있다. 이는 즉 수많은 월세 세입자들이 뉴욕시가 곧 봉쇄될 것이라는 소식을 듣고, 하루빨리 고향으로 돌아가려고 했다는 것이다. 그냥 몇 달 치 월세는 집주인에게 기부한다는 생각으로 말이다.

이러한 동향을 눈치챘던 에어비앤비는 이때가 기회라고 생각하고 뉴욕시 지하철에 이런 광고 포스터를 붙인 적이 있다. "고향에 내려가세요! 돈도 벌면서요! Go Home and Earn Money Too!" 이게 무슨 뜻이겠는가? 한마디로 그냥 고향에 내려가지 말고 뉴욕에서 쓰던 방을 에어비앤비에 등록해서 월세를 대신 내줄 사람을 찾아 돈도 벌라는 것이다. 결과는 어땠을까? 벌써 나만 해도 이 광고로 큰 혜택을 누렸다. 그동안 살아보고 싶던 집에 무려 50%나 할인된 월세로 입주했기 때문이다.

별것 아닌 것 같지만 이것은 명백한 공급이다. 그리고 심지어 이 공급은 투자자금이나 인력이 크게 필요한 것도 아니다. 이미 자신이 보유 중인 공간에 공급이라는 개념만 추가했기 때문이다.

여유와 자신감을 갖고 공급을 먼저 생각해야 하는 이유

에어비앤비뿐만이 아니다. 사실 아이폰iPhone도 똑같다. 2000년대 초반만 하더라도 친구들에게 "핸드폰으로 음악도 듣고 인터넷도 할 수 있으면 얼마나 좋을까?"라는 말을 하면 다들 반응이 이랬다. "야, 꿈 깨. 세상에 그런 게 어디 있냐?" 그런데 실제로 그 꿈을 깨고 핸드폰으로 음악도 듣고 인터넷도 할 수 있게끔 만든 사람이 있다. 스티브 잡스Steve Jobs다.

많은 사람들은 과거에 이 아이디어를 그냥 허구적 상상으로만 바라봤다. 그러나 아이폰이 세상에 등장한 이후부터는 이 아이디어가 허구가 아닌 현실이 됐다. 왜 그렇겠는가? 스티브 잡스가 공급했기 때문이다. 그래서 공급한다는 마음을 먼저 갖는 것은 '부'의 가치를 향상하는 데에 아주 중요하다. 공급의 마음을 먼저 갖는다는 것은 그만큼 혁신을 먼저 생각할 심적인 여유와 자신감이 있음을 뜻하기 때문이다.

반면에 수요를 먼저 생각하는 사람은 "나는 이게 필요해", "나는 이게 없어", "아, 누가 이런 거 팔아줬으면 좋겠다"와 같은 발언을 자주 한다. 이 발언들에는 공통점이 있다. 결핍이다. 혁신, 여유, 그리고 자신감이 아닌 결핍의 심리가 더 큰 사람은 무언가를 새롭게 개척할 능력이 상대적으로 떨어진다. 그리고 개척할 수가 없으니, 무언가의 선구자가 될 확률은 더더욱 낮다.

공급할 욕구와 의도가 앞서지 않으면 세상에 거래될 수 있는 경제적 가치는 존재하지 않는다. 그런 점에서 이제 대한민국도 '부'를 바라보는 시점을 가르칠 때 수요보다는 공급을 먼저 가르쳐야 한다고 생각한다. 결국 혁신을 이끄는 사람과 그렇지 않은 사람을 나누는 기준은 공급의 개념을 바라보는 시각에 있기 때문이다. 세상 사람들이 공급되지도 않은 아이디어나 가치를 필요로 할지 말지에 대해서는 나중에 가서 고민해도 늦지 않다. 중요한 것은 아이디어 자체가 시장에 먼저 나와야 한다는 것이다.

어디 그뿐이겠는가? 공급을 하더라도 아직 완벽하게 준비가 되지 않아서 공급의 계획을 늦추는 사람들도 있다. 물론 최대한 많이 준비하는 것은 아주 중요하다. 그러나 혹시라도 준비가 완벽히 되지 않아서 공급의 계획을 주저하는 이들에게 나는 다음의 메시지를 남기고 싶다. "세상에 완벽한 것은 없습니다. 성공과 '부'는 공급의 속도전에 있습니다."

중요한 것은 속도다. 우선 뭐라도 해야 세상에 가치가 나온다. 나라는 존재가 어떤 가치를 소개하고 어떤 전략을 쓰는지에 따라서 '부'의 규모는 천차만별로 달라질 수 있다. 그러니 겁부터 먹지 말고 지금부터라도 공급(먼저)과 수요(나중)의 마음가짐을 갖고 '부'의 선구자가 되도록 노력해보자. 위기는 명백한 기회다. 위기 상황에서도 공급을 해봐야 시도를 한 사람과 시도하지 않은 사람을 나눌 수 있다.

3. 경제원칙(효율성)

경제원칙(효율성)의 핵심은 노력 대비 결과값이 괜찮은 것을 선택하여 욕구를 충족하는 것이다.

부는 시간을 버는 자가 얻는 선물이다

부는 시간과 동일하다

경제원칙을 다른 말로 표현하자면 이는 효율성과도 같다. 그렇다면 효율성은 무엇인가? 쉽게 말하자면 효율성은 인풋 대비 아웃풋이 좋은 것을 뜻한다. 살면서 효율성은 정말 중요하다. 솔직히 10대와 20대 초반까지는 왜 그렇게 다들 효율성을 강조하는지 몰랐다. 그러나 나는 사회생활을 시작한 이후부터 그 누구보다도 효율성을 강조하게 됐다. 세상에 존재하는 수많은 경제적 가치 중에 시간이 가장 비싼 것 중 하나라는 것을 절실히 깨달았기 때문이다. 그래서 나에게 시간은 '부'와 똑같은 의미를 지닌다. 내가 어디에 가장 많은 시간을 할애하느냐에 따라 나의 미래와 '부'의 가치가 달라진다는 것을 경험했기 때문이다.

특히 내가 '부'는 시간이라는 것을 강조하는 데에는 이유가 있다. 시간은 다시 되돌릴 수 없기 때문이다. 돈은 솔직히 마음만 먹으면 벌기가 쉽다. 정말이다. 노동을 하든 투자를 하든 창조를 하든 그 어떤 것을 하더라도 그에 대한 대가로 세상은 나에게 돈이라는 가치를 지급한다.

그러나 시간은 그렇지 않다. 시간에는 관리자라는 개념이 없기 때문이다. 만약에 어떤 일을 할 때 그 일에 대한 관리자가 있다면, 우리는 언제든지 관리자와의 소통을 통해 문제를 해결할 수 있을 것이다. 그러나 시간을 관리할 수 있는 것은 오직 자기 자신이다. 이외에 굳이 시간 문제를 해결할 방법을 제시하라고 한다면, 나는 이 방법을 제시할 것 같다. 그것은 바로 역사 공부다.

나는 어릴 때부터 역사책을 달고 살았다. 역사는 나에게 그 누구보다도 훌륭한 삶의 조언과 방향을 알려준 고마운 멘토다. 그래서 나는 지혜로운 통찰을 얻고 싶을 때마다 역사책을 꺼내서 읽는다. 역사는 나와 같은 생각을 가졌던 사람들이 어떤 방법을 통해 문제를 해결했는지 알려주기 때문이다.

효율성은 신세대뿐 아니라 모든 세대에서 재조명되어야 한다

나는 '부'는 시간이라는 의미를 청소년 혹은 20대 초반의 학생들에게 가장 많이 강조하고 싶다. 왜? 시간을 효율적으로 사용해야 최소한의 투자로 최대한의 결과를 도출할 수 있기 때문이다. 특히 이러한 효율성의 원칙은 한 사람의 진로를 정할 때 중요한 역할을 맡는다. 왜냐하면 일은 한 사람의 경제적 삶을 책임지기도 하지만, 한 사람의 소명 의식을 보여주기도 하기 때문이다. 이를 다르게 말하자면 일이라는 개념에는 '부'도 담겨 있지만, 그 외의 가치도 담겨 있다는 것을 의미한다.

돈은 얼마든지 그리고 언제든지 벌 수 있다. 그러나 나라는 사람이 어떤 가치를 창출할 수 있는지를 아는 방법은 하나다. 최대한 많은 경험을 쌓는 것이다. 그것도 아주 어릴 때부터 말이다. 그러나 요즘에는 이런 생각도 든다. 시간의 유한성 그리고 효율성은 이제 단순히 사회초년생에게만 국한되지 않는다는 것을 말이다.

대한민국 사회는 100세 시대를 바라보는 초고령화 사회로 진입하고 있다. 요즘 우리 사회의 평균 기대수명은 85세~90세 이상을 바라본다. 현재 법적으로 정해진 공무원의 정년퇴직 나이는 대략 60세~65세 사이다. 솔직히 이 나이는 공무원에게나 해당하는 이야기인지라 대부분의 사람들은 이 기준에 동의하지 않을 것이다. 민간 분야에서 일하는 사람들은 이미 30대나 40대 초반에 새로운 진로를 고민하기 때문이다. 그러니 잘 생각해보라. 이미 어느 정도 삶을 산 사람한테 새로운 진로를 또다시 탐색하라고 한다면, 이 얼마나 시간이 비싸게 느껴진다는 말인가?

좋아하는 일을 하면 후회는 그다지 크지 않다

진로를 고민함에 있어서 대부분의 사람들은 두 가지 선택지를 갖는다. 첫 번째는 자신이 좋아하는 일을 하는 것이고, 두 번째는 자신이 잘하는 일을 하는 것이다. 가장 최고의 선택지는 좋아하는 일을 하면서 잘하는 일을 하는 것이다. 그러나 이 선택지는 모든 사람들에게 주어지는 것은 아니라고 본다. 대부분의 사람들은 둘 중 하나를 선택해야 하는 상황에 직면할 때가 더 많기 때문이다.

나 또한 고등학교와 대학교 초년생 시절에는 좋아하는 것과 잘하는 것 중에서 한 가지를 선택해야만 했다. 별로 놀랍지는 않지만, 내가 이 고민을 할 때마다 어른들은 나에게 이렇게 말씀하셨다. "네가 좋아하는 일을 해야 해. 그래야 후회가 없어." 나는 이 말을 듣고 실제로 내가 좋아하는 것들을 최대한 많이 도전했다. 좋아하는 일을 할 때는 초반까지는 좋았다. 한번 맛을 보니 그 맛이 나쁘지 않았기 때문이다. 그러다 어느 날 느꼈다. 좋아하는 일을 끝까지 할 수 있다는 것은 대단한 축복이라는 것을 말이다.

좋아하는 일을 끝까지 할 수 있는 경우는 두 가지다. 그 일을 진짜 잘해서 끝까지 살아남거나, 돈이 많아서 다른 것을 희생하고서라도 좋아하는 일을 할 때다. 나의 경우에는 좋아하는 일과 잘하는 일이 동일하지 않았다. 그래서 나는 좋아하는 일을 끝까지 할 수 없었다. 생각한 것보다 인풋 대비 아웃풋이 별로였기 때문이다.

예를 들어보겠다. 나의 이력서는 그동안 내가 시도했던 모든 도전 중에 1%의 합격 소식만 받은 결과들을 반영한 기록이다. 사람들이 열심히 사는 것처럼 나도 열심히 살았다. 그리고 그들처럼 나 또한 이력서에 한 줄을 더 쓰기 위해 적어도 1년에 50~100장이 넘는 지원서를 제출했던 적이 있다. 처음에는 좋아하는 분야와 일이니까 계속 탈락, 불합격이라는 결과를 받아도 기분이 나쁘지 않았다. 그러나 나도 인간인지라 계속 불합격이라는 통보를 받을 때는 이제 제발 그만 거절 받고 싶다는 생각이 절실했다. 나라는 인간은 왠지 세상에 필요 없는 존재인 것처럼 느껴졌기 때문이다.

그렇다고 해서 내가 이때까지 했던 도전들에 후회를 한다는 것은 아니다. 나는 어쨌든 좋아하는 일을 시도해서 미련이 없기 때문이다. 그래서 어떻게 보면 좋아하는 일을 시도했다는 것 자체가 후회라는 감정을 없애는 데에는 가장 효과적이면서도 효율적인 방법일 수 있다. 그러나 가시적 결과를 빠르게 추구해야 하는 사람에게 있어서는 좋아하는 일을 선택하는 방법이 그다지 효율적이지 못할 것이다. '부'는 시간이라는 논리 하에서는 최소한의 시간을 들여 최대의 '부'를 창출하는 것이 최우선의 목표이기 때문이다.

시간을 관리하는 사람은 잘하는 일을 통해 부를 얻는다

빨리 사회적으로 인정받고 삶에 안정을 찾고 싶은 사람은 잘하는 일을 선택하는 것이 좋다고 본다. 그래야만 효율적으로 시간을 벌 수 있기 때문이다.

다시 한번 나의 경우를 예로 들어보겠다. 다른 사람들이 10시간 공부해서 영어 시험에서 100점을 맞을 때 나는 1시간만 공부해도 100점을 맞을 자신이 있다. 나는 다른 사람들보다 언어적 능력이 뛰어나서 노력을 하지 않아도 높은 성과를 얻을 수 있기 때문이다. 이와는 반대의 경우도 있다. 나는 수학에 재능이 없다. 분명히 선생님께서 1시간이 넘게 어떤 공식을 설명해주셨는데, 나는 그 공식을 하나도 이해하지 못했다.

그렇다. 하늘은 각 사람에게 특별한 능력과 은사를 허락했다. 그리고 하늘이 그 능력을 각각의 사람들에게 다르게 허락한 데에는 이유가 있다. 하늘은 당신이 그 능력을 발휘해서, 당신이라는 존재를 세상에 알릴 수 있도록 돕기 위해 천부적인 능력을 허락한 것이다.

그러니 머리 아프게 잘하지도 못하는 일을 왜 하는가? 각 사람은 그냥 자신이 잘하는 일을 해서 시간을 벌고 '부'를 얻으면 되는 것이다. 그것만큼 빠르게 돈 버는 방법이 없다.

재능은 시간과 같고 시간은 '부'와 같다. 사회적으로 인정도 받고 경제적인 기반도 갖춰놔야 내가 좋아하는 것을 다시 시도할 수 있다. 이제 우리는 100세 시대에 살고 있다. 사람은 오래 살지만 오래 사는 사람들이 모두 다 '부'를 거머쥘 수 있는 것은 아니라고 본다.

그러나 한 가지 확실한 것은 있다. 경제원칙의 핵심인 효율성을 삶에 적용한다면, 우리는 최대한 합리적인 선택으로 경제적 가치를 창출할 수 있다는 것이다. 그러기 위해서는 조금 아쉬운 마음이 들더라도, 지금은 우선 잘하는 것을 먼저 해보는 게 나을 수 있다. (이것은 내 개인적 의견이니 꼭 동의할 필요가 없다.)

이 원칙을 적용하면 100점 만점 중에 90점 이상의 '부'는 쌓을 수 있다고 생각한다. 그러나 당신이 95점 이상의 '부'와 삶을 원한다면, 당신은 절대적으로 좋아하는 일과 잘하는 일을 일치시켜야만 한다.

뭘 좋아하고 뭘 잘하는지 알고 싶다면 다음 사항을 한번 고려해보길 바란다. 그것은 바로 좋아하는 일에 목숨을 걸어보거나 잘하는 일에 목숨을 걸어보는 것이다. 목숨을 건다는 것은 "나는 이거 아니면 안 돼"라는 마음가짐을 갖는 것이다. 나는 개인적으로 좋아하는 일에도 목숨을 걸어봤고 잘하는 일에도 목숨을 걸어봤다. 그리고 그 결과, 나는 잘하는 일에 목숨을 걸기로 했다. 두 가지 이유 때문이다. 첫 번째, 칭찬은 고래도 춤추게 하기 때문이다. 두 번째, 칭찬받고 열심히 하다 보니 잘하는 일을 좋아하게 됐기 때문이다.

놀랍지만 잘하는 일에 목숨을 걸다 보면 어느새 그 일이 너무 좋아질 때가 온다. 이는 즉 무엇을 의미하겠는가? 잘하는 일이 곧 좋아하는 일로 발전한다는 것이다. 이것이 바로 효율성의 선순환이다. 사람은 각자만의 문제 해결 방법이 다르다. 그래서 어떤 이는 좋아하는 일에 목숨을 걸어서 효율성의 선순환을 경험했을 수도 있다. 선택은 오로지 당신의 몫이다. 그러나 중요한 것은 다음과 같다. 자신에게 어떤 효율성의 선순환이 맞는지를 파악하려면, 우선은 자신이 무엇을 좋아하고 잘하는지부터 알아야 한다는 것이다.

이것을 안다면 당신은 이미 부자라고 봐도 된다. 나 자신을 안다는 것은 생각보다 그렇게 쉬운 일이 아니기 때문이다.

10대 청소년과 20대 초반 청년을 위한 TIP
좋아하고 잘하는 일을 찾는 방법

핵심은 생각을 행동으로 옮기는 것입니다.

10대와 20대 초반의 독자님으로부터 많이 받는 질문이 있다. "어떻게 하면 좋아하는 일과 잘하는 일을 찾을 수 있나요?" 그래서 이 부분에서 잠시 내 개인적인 팁을 공유하려고 한다.

예를 들어 당신에게 모든 것이 허락됐고 모든 여건이 형성됐다고 가정해보자. 이렇게 모든 것이 완벽하게 준비됐을 때 당신은 무엇을 도전해보고 싶은가? 상상 중에 자신도 모르게 번뜩 떠오르는 이미지가 있을 것이다. 그것이 바로 당신이 좋아하는 무언가일 가능성이 크다.

만약에 더 확신을 갖고 싶다면 다음 사항을 확인해보면 좋다. 사람은 자기가 좋아하는 걸 시도 때도 없이 생각하는 경향이 있다. 만약 본인에게 그런 것이 있다면 그때는 직감을 믿고 한번 도전해보는 걸 추천한다. 생각과 마음은 고유의 주파수가 있어서 그 주파수에 맞는 이미지가 머릿속으로 떠올랐을 가능성이 크기 때문이다.

반면에 잘하는 일을 찾는 방법은 다음과 같다. 가끔은 성적표를 받고 놀랄 때가 있을 것이다. 공부를 별로 안 했는데도 성적이 생각보다 잘 나오는 과목을 발견할 때다. (한마디로 노력에 비해 결과가 좋은 것을 의미한다.) 나의 경우에는 그런 과목들이 다음과 같았다. 영어, 일본어, 스페인어, 세계사, 경제, 법과 사회.

이 과목들이 필요로 하는 능력이 있다. 그 능력을 지속해서 키우다 보면, 자신이 어떤 재능을 갖고 태어났는지 알 수 있다. 그것이 나의 경우 기술적인 측면에서는 분석, 협상, 커뮤니케이션으로 발전했고 분야적 측면에서는 외교, 정치, 경제, 법으로 발전했다.

기술과 분야적 측면에서 능력이 크게 발전하면 어느 날 갑자기 새로운 능력을 발견하게 되는 임계점에 다다르게 된다. 자신이 임계점에 다다랐는지 확인하는 방법이 있다. 어느 날 갑자기 주변인이나 멘토 혹은 능력이 좋은 사람으로부터 이런 조언 혹은 제안을 받을 때다.

"00씨는 000도 잘할 것 같아요. 나중에 한번 000도 도전

해보는 게 어때요?"

이런 조언은 흘려들으면 안 되는 조언 중 하나라고 본다. 그들의 조언은 내공에서 나오는 귀한 조언이기 때문이다. 그러니 그럴 때는 꼭 한번 제안받은 분야의 기초라도 공부해보고 해당 분야에 천천히 노출되는 기회를 가져보는 게 좋다.

고등학생의 경우에는 관련 서적을 읽어보는 것도 좋고 관련 분야에서 일하는 사람과 대화해보는 것도 좋다. 그러나 20대 초반의 청년은 아르바이트여도 좋으니 현장으로 나가볼 것을 추천한다. 실전으로 얻는 교훈은 차원이 다르기 때문이다.

예를 들어 나의 경우에는 22세 전만 하더라도 금융에 대해 아는 것이 전혀 없었다. 그러다 어느 날 우연한 기회로 미국 금융업의 몇몇 큰손들을 도울 기회가 있었다. 나의 임무는 한국에서 그들의 동시통역을 지원하는 일이었다. 한 달밖에 안 되는 아르바이트였지만, 그들은 나를 딸처럼 여겨주며 많은 조언을 해줬다. 그리고 미국으로 돌아가는 날, 그들 중 한 명은 인천공항으로 향하는 차 안에서 나와 이런 대화를 나눴다.

벤 : 올해 22살이라고 했죠? 당신은 앞으로 뭘 하고 싶나요?

나 : 저는 사실 해보고 싶은 게 너무 많아요. 그런데 어떤 일을 하든지 사람들에게 도움이 되는 일을 하고 싶어요.

벤 : 좋은 꿈이네요. 그럼 내가 조언을 하나 해도 될까요?

나 : 물론이죠!

벤 : 내가 봤을 때 당신은 좋은 투자자가 될 가능성이 있어 보여요. 사실 당신이 직접 투자하는 걸 본 적은 없지만 내 직감이 맞다면 당신은 타고난 투자자로서의 재능이 있어요. 그리고 투자에 필요한 모든 자질도 갖추고 있고요.

나 : 투자요? 저는 금융의 금도 모르는 사람이에요. 심지어 수학 바보고요. 그런 제가 어떻게 투자를 할 수 있다는 말이죠?

벤 : 우리가 기업들을 상대로 몇 가지 간단한 질문을 했던 것 기억하나요? 그럴 때마다 당신은 우리의 질문을 보충해서 통역해줬어요. 그리고 우리는 덕분에 기업들의 특징을 더 자세히 파악할 수 있었고요. 당신은 왜 우리의 질문을

보충해서 통역했었나요?

나 : 그건 문화적 특성 때문에 그랬어요. 사실 미국인은 간단한 질문 하나에도 많은 답을 주는 경향이 있어요. 그런데 한국에서는 그렇지 않아요. 이곳은 겸손과 예의를 중시해요. 그 때문에 한국인은 묻지 않는 것에 대해서는 자세하게 답하지 않는 경향이 있어요. 그런데 정보가 없으면 투자를 못 하잖아요? 그 말은 즉 기업들도 투자를 못 받는다는 소리고요.

벤 : 바로 그거예요. 그게 내가 말한 투자 본능이에요. 그런 능력이 있어야만 흙 속의 진주를 알아볼 수 있어요. 수학은 컴퓨터에게 맡기고, 당신은 앞으로도 분석 능력을 키워보면 좋을 것 같아요.

나는 이 조언을 받은 지 6년이 지난 28세가 돼서야 투자 은행들에 지원서를 넣었다. 결국 이것은 무엇을 의미하겠는가? 나는 6년이라는 시간을 고민하는 데에 허비했다는 것이다. 왜냐하면 금융을 모르는 나에게 과연 기회가 생길지 의문이 들었기 때문이다. 그러나 놀라운 일이 일어났다. 밑져야 본전이라는 생각으로 총 8곳의 회사에 지원서를 넣었는데, 그중 내가 가장 원했던 곳에서 기회의 문을 열어줬기 때문이다.

문을 두드리면 기회의 문은 열린다. 이 문이 열릴지 말지 고민하지 않기를 바란다. 고민할 시간에 행동 한 번 더 하는 게 훨씬 더 이득이니 말이다. 문을 두드렸는데 응답이 없다면 "왜 안 열리지?"라는 생각만 하지 말고, 왜 문을 안 열어주는지 꼭 물어보길 바란다. 생각보다 상대는 그 답변을 쉽게 줄 것이다. 그러나 당신은 그 답변을 듣는 과정에서 자신을 탐구하는 귀한 시간을 갖게 될 것이다. 자신을 아는 것은 돈 주고도 살 수 없는 자산이다. 그러니 최대한 많이 도전해보길 바란다. 경험이라는 자산은 많을수록 좋다.

처음에는 두려울 수 있습니다.
자신을 믿고 도전해보세요.
새로운 세상의 문이 열릴 것 입니다.

4. 기회비용

기회비용의 핵심은 선택의 비용 혹은 차선책의 가치다. 예를 들어 A 때문에 포기해야 하는 다른 선택지 중에 제일 아쉽다고 생각하는 가치가 기회비용이다.

부의 만족감은 당신의 가치와 비용으로 결정되어야 합리적이다

넉넉한 삶이 부의 기초적 의미다

사람들은 '부'의 의미를 돈과 연결 지으려 한다. 그러나 국어사전을 펼쳐서 '부'의 의미를 한번 찾아보자. 사전에 나오는 '부'의 의미는 생각 외로 넉넉한 삶이다. 그렇다면 사람에게 있어서 넉넉한 삶이란 무엇인가? 각자가 추구하는 넉넉함의 의미는 다르겠지만, 나의 경우에는 내 마음이 느끼는 만족감이 넉넉함의 정의다. 왜 그럴까? 만족감이 커야 "나는 이걸로 충분해. 다른 건 필요 없어"라는 말이 나오기 때문이다.

그런 의미에서 나에게 있어서 기회비용은 내가 느끼는 만족감을 결정하는 가치와 그 외의 부수적인 가치를 비교한 값이다. 그러나 내가 경제학을 처음 배우면서 가장 이해하기 어려웠던 개념이 바로 기회비용이다. 가격이 책정되지 않은 가치에는 어떤 비용을 지불해야 하는지, 그리고 그 값은 도대체 어떻게 책정되는지 이해하지 못했기 때문이다.

사랑을 위해 포기해야 하는 기회비용

경제학자들은 기회비용의 종류를 명시적 비용과 암묵적 비용으로 분류하는데, 이들은 이 두 비용의 합을 기회비용이라고 부른다. 그러나 나는 기회비용의 본질을 파악하는 데에 있어서 명시적 비용과 암묵적 비용이라는 어려운 단어보다 만족감이라는 단어와 그 개념에 조금 더 초점을 맞추고 싶다. 아까도 말했듯이 결국 사람은 어떤 만족감을 느끼는지에 따라서 오늘의 기분이 다르고 내일의 기분이 다르기 때문이다.

남녀 간의 사랑을 예로 들어보겠다. A라는 남자는 우연히 B라는 여자를 마주치게 됐는데, A는 B를 보는 순간 사랑에 빠졌다. A는 현재 육군 대위다. A는 B를 좋아하기 때문에 B를 위해서라면 그 무엇도 할 수 있다는 생각이 든다. 그래서 A는 데이트라는 10만 원의 만족을 얻기 위해 사격 훈련이라는 15만 원의 만족을 포기했다. A에게 사격 훈련이 15만 원의 만족을 주는 데에는 이유가 있다. 이제 곧 A는 소령 진급 심사를 앞두고 있는데, 이 심사에는 사격 성적도 반영되기 때문이다.

A가 B와의 데이트를 위해 분위기 좋은 레스토랑에서 내야 하는 비용을 8만 원이라고 가정해보자. 이것을 경제학에서는 명시적 비용이라고 부른다. 그리고 A에게 있어서 암묵적 비용은 사격 훈련이라는 15만 원의 만족이다.

A의 기회비용은 8만 원 더하기 15만 원인 23만 원이다. 지금 이 결과를 감정 없는 로봇의 관점에서 말해보라고 한다면 로봇은 이렇게 말할 것이다. "A님의 기회비용은 23만 원이군요. 근데 A님은 10만 원이라는 만족밖에 못 얻으시네요? 이게 합리적인 선택인가요?"

타인은 말이 안 된다고 하지만
나에게는 말이 되는 만족감의 가치

이론적으로만 보면 A의 선택은 철저히 합리적 선택의 핵심 원리를 벗어난 선택이라고 볼 수 있다. 그러나 과연 A도 이 의견에 동의할까?

글쎄. 동의할 수도 있고 그렇지 않을 수도 있다. 지금 위에 명시된 비용은 제삼자의 관점에서 책정된 가치로 계산된 비용이다. 제삼자는 철저히 감정을 배제한 이성적인 판단으로 가치를 정한다. 그러나 A는 A만의 감정이 있는 인간이다. 그래서 A의 비용은 철저히 A가 세운 가치에 의해서 계산될 수 있어야 하는 것이 정상이다.

A는 B를 좋아하기 때문에 B에게 무언가를 크게 기대하지 않는다. A의 마음속에 B는 주고 또 주고 싶을 정도로 사랑스러운 사람이기 때문이다. 우리가 살아가고 있는 이 세상은 논리적으로 설명할 수 있는 것보다 설명할 수 없는 것들이 더 많다. 남녀의 사랑 또한 여기에 포함된다. 서로 몇십 년 동안 다른 곳에서 살다가 어느 날 갑자기 마주치고 사랑에 빠진다는 게 말이 된다고 생각하는가? 말이 안 되는 것 같으면서도 너무나 된다. 그만큼 사람의 일이 논리적이지 못할 때가 많기 때문이다.

다시 예시로 돌아와 보자. 다른 사람은 몰라도 A에게 있어서 B와의 데이트를 단돈 10만 원의 만족으로 설명한다는 것은 말이 되지 않는다. A에게 있어서 B와 함께 보내는 시간은 그 어떤 숫자로도 환산할 수 없을 정도로 의미가 크기 때문이다.

그러니 A처럼 사랑에 빠진 사람에게 지금 사격 훈련이 중요하겠는가, 사랑하는 여자와 함께하는 것이 중요하겠는가? 사람마다 우선순위가 다르므로 답변이 다를 수는 있겠다. 그러나 내가 A라면 나는 B와의 시간을 선택할 것 같다. 아까도 말했듯이 B라는 사람은 감히 숫자로는 그 어떤 가치를 매기기가 어려울 정도로 소중한 사람이기 때문이다. (살면서 그런 사람이 세상에 몇이나 되겠는가?)

내가 정한 기준으로 누리는 합리적인 삶과 부의 만족감

바로 이것이 백날 사람들이 A에게 B 대신 C라는 여자를 만나보라고 설득하더라도 A는 B를 바라볼 수밖에 없는 이유다. 왜? 기회비용을 생각해봤을 때 A는 아무리 생각해도 B와 함께 할 때 행복이라는 만족의 가치를 누리며 살 수 있겠다는 마음이 들기 때문이다. 이는 즉 A에게 있어서 B는 가장 합리적인 선택 그 자체라는 것이다.

나는 여기서 '부'의 또 다른 의미로 넉넉한 삶을 소개했다. 넉넉함이란 무엇인가? 나의 마음이 느끼는 만족감이다. 나의 만족감은 오로지 내가 생각하는 가치와 비용으로 환산될 수 있어야 한다. 이 말은 즉 그 누구도 나라는 사람의 인생을 대신 살아주지도 않고 나라는 사람이 무엇에 가치를 두는지도 신경 쓰지 않으니, 내 결정은 내가 내려야 한다는 것이다. (그래야만 아쉬운 감정이 들지 않는다.)

그러나 많은 사람들은 자신의 삶에 큰 문제를 일으키려고 하지 않는다. 그래서 이들은 제삼자가 정한 가치와 비용을 토대로 살아가려는 경향이 있다. 이유는 단순하다. 제삼자가 조언해주고 알려주는 대로 살면, 당사자는 적어도 심리적으로 편안함을 느끼기 때문이다. 그리고 그 조언을 따르면 적어도 삶에 있어서 큰 손해는 보지 않겠다는 생각이 들기 때문이다.

그러나 우리 한번 본질을 파헤치는 질문을 던져보자. 타인이 정해준 기준으로 살아가는 삶이야말로 비합리적인 삶이 아니란 말인가? 당신은 언제까지 이렇게 비합리적인 삶을 살 것이란 말인가? 제삼자의 기회비용과 당신의 기회비용은 엄연히 다르다. 사실 이 비용은 애초부터 비교 자체가 불가하다. 왜? 선택에 따른 대가는 타인이 아니라 당신에게 있기 때문이다.

아쉬운 인생을 사는 것만큼 슬픈 인생이 없다. 그러니 지금부터라도 당신만의 가치와 비용을 세워서, 당신이 정하는 줏대 있는 '부'의 만족감을 누리길 바란다. 다시 한번 말하지만, 제삼자는 절대 당신의 삶을 대신 살아주지도 않을뿐더러 당신이 느끼는 행복과 만족이라는 감정에는 더더욱 신경 쓰지 않는다. 선택을 통해 얻는 가치도, 포기해야 하는 가치도 오직 당신이 정해야만 한다. 잊지 말자. 진정한 '부'의 주인공은 줏대가 확실해야 한다는 것을.

5. 시장

시장의 핵심은 거래다. 과거에는 시장을 물리적 장소로만 국한했던 경우가 많았다. 그러나 현대 사회에서는 가상의 공간에서도 거래가 이루어진다. 경제학에서는 이러한 개념을 포괄적으로 설명할 때 시장이라는 단어를 쓴다.

모든 것은 거래가 가능하고 거래가 늘수록 부의 규모도 는다

거래량과 비례한 부의 규모

시장에서는 모든 것이 거래될 수 있다. 그래서 시장에서는 눈에 보이는 물건도 거래할 수 있지만, 눈에 보이지 않는 것들도 거래할 수 있다. 예를 들어보자. 흔히 월급을 받는다는 것은 우리가 노동 시장에서 노동력을 거래함으로써 받는 대가를 의미한다. 이외에도 거래될 수 있는 것은 아주 많다. 금융 시장에서 투자를 하는 사람들은 자금을 거래할 수도 있고 요즘같이 인기가 많은 에너지 시장에서는 자원을 거래할 수도 있다.

그런데 시장에는 아주 중요한 사실이 하나 숨어 있다. 그것은 바로 내가 얼마나 많은 상품 혹은 서비스를 생산하는지에 따라서 거래량이 늘어날 수도 있고 줄어들 수도 있다는 것이다. 한마디로 거래량은 '부'의 규모와도 비례한다는 것이다.

가치를 사고파는 거래

그렇다면 거래란 무엇인가? 거래는 말 그대로 사고파는 행위다. 온라인 거래 플랫폼이 인기 있는 이유는 하나다. 굳이 차를 타고 먼 곳을 가지 않아도 내가 거래하고 싶은 사람과 가까운 곳에서 우리만의 거래를 성사할 수 있기 때문이다. 그럼 더 본질적인 질문으로 들어가 보자. 사람들은 주로 무엇을 거래하고 싶은가? 사람들은 주로 가치 있는 것을 사고팔고 싶어 한다. 가치가 있어야 '부'를 얻을 수 있는 돈이라는 수단을 얻을 수 있기 때문이다.

그럼 이제는 철학적인 본질을 파헤쳐보도록 하자. 나는 당신에게 시장의 의미에 대해 설명하기 전에 기회비용의 개념 그리고 본질부터 설명했다. 내가 왜 그랬는지 혹시 추측해볼 수 있겠는가? 그것은 바로 가치라는 것은 오직 당신만이 설정할 수 있는 요소이기 때문이다. 그렇다. 우리는 시장에서 가치를 거래

한다. 그렇다면 철학적인 측면에서 가치가 있다라는 의미는 무엇일까? 이는 당신의 생각이나 마음가짐도 돈을 주고 사고팔 수 있다는 것을 의미한다.

거래는 가치도 정할 수 있다

생산에 따른 거래량을 생각해보자. 예를 들어 A라는 작가가 B라는 책을 쓰고 있다고 가정해보자. 이 책은 아직 시장에 소개되지 않았다. 이는 즉 A라는 작가의 아이디어가 아직은 시장에서 거래할 수 없는 상품이라는 것을 의미한다. 그러나 A 작가는 얼마 전 B 책에 제목을 입혀 《당신의 역사가 역사를 만날 때》라는 책을 출판했다. 이를 통해 이제 A 작가의 아이디어는 하나의 생산 요소가 됐다. 그리고 A 작가의 아이디어로 태어난 이 책은 드디어 판매 상품이 됐다.

만약에 A 작가의 아이디어가 세상에 공개되지 않았다면, A 작가는 전 세계 고객들을 상대로 이 책을 판매할 수 없었을 것이다. 놀랍게도 시장에서는 상품을 누가 먼저 내놓는지에 따라서 해당 상품에 대한 수요와 가격이 달라진다. 그러나 수요와 가격을 넘어서 우리가 더 중요하게 생각해봐야 할 부분이 있다. 그것은 바로 A 작가의 아이디어가 세상이 추구하는 가치의 유행도 바꿀 수 있다는 것이다.

이때까지 대부분의 역사책은 철저히 역사와 인문학 기반의 내용으로 작성된 경우가 많았다. 그러나 A 작가는 역사라는 아이템을 통해 인문 교양과 자기계발서를 접목한 책을 출판했다. 이것은 몇 안 되는 새로운 시도 중에 하나다. 이 시도를 통해서 사람들은 역사를 바라보는 새로운 시각을 가질 수 있을 것이다. 그리고 이러한 새로운 시각을 통해 사람들은 앞으로 역사와 관련한 더 많은 상품을 사고팔 수도 있을 것이다. 그럼 이 모든 것은 본질적으로 무엇을 의미하겠는가? 이는 한마디로 이런 작은 아이디어 하나도 하나의 판매 상품이 될 수 있다는 것을 의미한다.

모든 것이 부의 일부가 될 수 있는 이유

이러한 거래가 가능해지려면 내가 앞서 말했던 공급과 수요의 개념이 실생활에서 적용돼야 한다. 사실 어떤 사람이든지 시장에서 거래할 수 있는 자신만의 아이템은 하나씩 갖고 있다. 특히 이 땅의 수많은 주부님들께서는 각자만의 살림 비법을 갖고 계신다. 이런 비법조차도 하나의 콘텐츠이자 상품이 될 수 있다. 그리고 그런 비법이 상품으로 발전하여 시장에서 공급된다면, 이것은 언제든지 '부'의 규모를 늘릴 수 있는 하나의 가치가 된다.

조금 조심스러운 발언이지만 지나치게 겸손한 사람들은 자신이 가진 생각과 아이디어가 돈이 되지 않는다고 생각하는 경향이 있다. 그러나 나는 이렇게 생각한다. 가끔은 겸손함보다 배짱이 도움이 된다는 것을 말이다. 정말이지 세상의 모든 것은 돈이 될 수 있고 '부'의 가치로 변할 수 있다. 사소해 보일지라도 작은 아이디어 하나하나가 모여 시장에서의 거래량이 확대될 때 '부'의 규모는 거래량과 똑같이 확대될 수 있다.

누구나 다른 사람들에게 말하지 않아도 자신만의 비법이나 특별한 아이디어가 있다. 비법이나 아이디어라고 해서 거대할 필요가 없다. 예를 들어보자. 혹시 라면을 좋아하는가? 우리가 자주 먹는 인스턴트 라면을 최초로 개발한 사람이 있다. 일본 닛신식품의 창업자인 안도 모모후쿠다. 안도는 아주 오래전부터 라면을 좋아했는데 어느 날 그는 라면 가게에 늘어선 긴 줄을 보며 이런 생각을 했다고 한다. "근데 왜 꼭 라면을 라면 가게에서만 먹어야 하지?"

정말 간단한 질문이지만 이 질문은 어느새 안도의 창업 아이템이 됐다. 그리고 안도는 실제로 이 질문 하나만 가지고 그의 나이 48세에 인스턴트 라면을 발명하며 부자가 됐다. 결국 안도는 라면을 하나의 가치로 바꾸어 시장에서도 거래할 수 있는 상품으로 승화시킨 것이다.

좋은 마음도 가치 있는 부를 늘릴 수 있다

전 세계 모든 이들이 배고플 때 간편하게 먹는 것이 라면이다. 라면같이 간단한 아이템도 '부'를 만드는 가치가 될 수 있다. 사소한 아이디어라고 해서 움츠릴 필요가 없다. 그러니 자신의 아이디어, 생각, 질문, 호기심을 마음껏 시장에 소개해보도록 하자. 처음에는 당신의 상품을 보고 사람들이 그냥 지나칠 수도 있고 "누가 이런 걸 돈 주고 사겠어?"라고 비아냥거릴 수도 있다. 그러나 그들과 당신에게는 커다란 차이점이 있다. 당신은 어쨌든 시장에 당신이라는 가치를 알렸다는 것이다.

생산에 따라 거래량이 결정되고 거래량에 따라 '부'의 규모가 결정된다. 인간이 가진 특별한 능력이 있다. 생각하는 것이다. 따라서 당신이 간단한 아이디어라도 갖고 있다면, 당신은 이미 '부'라는 주식회사의 주식을 가진 투자자라고 봐도 무방하다. 아이디어를 상품으로 만든다면, 이것은 곧 가치를 담은 거래를 성사할 수 있기 때문이다.

본질을 다루고 싶다면 이제는 아이디어를 넘어서 인간이 품고 있는 좋은 마음도 훌륭한 거래 상품이 될 수 있다는 것을 이해해야 한다. 시장을 방문할 때 단순히 상품의 겉모습만 바라보지 말고, 그 상품을 만든 사람의 배경도 살펴보도록 하자. 예를 들어 로션에도 어떤 이의 이야기와 마음이 담겨 있다. 특히 어떤 재료로 로션을 만들었는지 보면, 우리는 해당 상품을 만든 사람이 왜 그런 재료로 로션을 만들었는지 알 수 있다.

나는 예전에 마트에서 어떤 여성이 로션을 열심히 판매하는 것을 본 적이 있다. 그녀를 보고 이런 생각을 했다. "도대체 이 상품은 뭐가 특별하길래 저렇게 열심히 팔지?" 판매자와 이야기를 나누며 알 수 있었다. 판매자에게는 아토피로 고생하고 있던 딸이 있었는데 그녀가 딸을 위해 친환경 재료로 만든 로션이 효과가 좋은 것을 보고, 이것을 아예 상품으로 만들었다는 것을 말이다.

재료를 통해 느낄 수 있는 어머니의 마음. 소비자로서도 보기가 좋았다. 시장은 인간의 따뜻한 마음을 느낄 수 있는 곳이다. 사람의 아이디어와 노력 그리고 마음이 한데 어우러져 있는 곳이 시장이기 때문이다. 미래의 시장에는 더 다양한 아이디어와 혁신 그리고 마음이 필요하다. 사람의 일은 모르는 것이다. 지금이라도 늦지 않았다. 그 무엇이어도 좋다. 아주 사소하고 작은 것이어도 괜찮으니, 그것을 세상에 선보이도록 하자.

세상에 선보이는 순간, 당신이 창출한 가치는 사람들의 손을 거치는 하나의 거래 상품이 될 것이다. 당신이 더 많은 생각과 열정을 생산할수록 시장에서의 거래량은 셀 수 없이 늘어날 것이다. 거래량이 늘어날 때 당신의 '부'는 규모만 커지는 것이 아니라 열정과 영감이라는 훌륭한 가치도 담고 있을 것이다. 그러니 생각해보라. 세상에 이보다 더 훌륭한 '부'가 어디에 있다는 말인가?

6. 경제성장률

경제성장률의 핵심은 올해의 실질 GDP가 작년 대비 얼마나 상승했는지를 백분율로 보여주는 것이다. 우리는 경제성장률을 통해서 앞으로의 경제 상황을 어느 정도 예견할 수 있다.

부의 성장을 추구하려면 잠시 쉴 줄도 알아야 한다

부를 찬양하는 사람들이 일정 기간 안에 얼마나 성장했는지 알려주는 지표

사람들이 경제, 경제, 경제하는 데에는 이유가 있다. 경제가 성장해야만 사람들의 생활 수준도 향상하기 때문이다. 이것이 바로 동학개미운동, 영끌, 파이어족(빠른 시기에 은퇴하려는 사람들을 의미한다. Financial Independence, Retire Early의 첫 글자를 따서 FIRE라고 한다.) 같은 단어들이 탄생한 배경이고 사람들이 '부'를 열렬히 찬양하는 근본적인 이유다.

그렇다면 경제가 얼마나 성장했는지 알려주는 경제성장률

은 어떻게 산출되는가? 이는 다음의 공식으로 산출된다.

경제성장률 = [(금년도 실질 GDP - 전년도 실질 GDP) ÷ 전년도 실질 GDP] × 100

경제성장률의 산출 과정을 보면 알겠지만, 경제성장률은 일정한 기간 안에 경제가 얼마나 성장했는지를 중요하게 본다. 일정 기간의 확률을 계산할 때는 현재와 과거라는 비교군을 두어야 값을 구할 수 있다. 그래서 경제성장률에서의 비교군은 금년도 실질 GDP와 전년도 실질 GDP이다. GDP는 국내 총생산을 의미한다. 그리고 교과서는 이러한 기준을 토대로 경제성장률의 의미를 다음과 같이 정의한다. "경제성장률은 기준 연도의 가격으로 당해 연도 생산물의 가치를 나타내는 실질 국내 총생산의 증가율로 측정한다."[1)]

한 사람이 성장해야 경제가 성장할 수 있다는 생각

사회생활을 시작하기 전 이론상으로 경제성장률을 배울 때는 단 한 번도 경제성장률이 갖는 철학적인 의미를 생각해본 적이 없다. 그러나 사회에 나와 일을 시작하고 다양한 사람들과 교류하면서 내가 깨달은 경제성장률은 다음과 같다. 그것은 바로 경제성장률은 한 사람의 성장률과 크게 다르지 않다는 것이다. 그런 의미에서 나는 경제성장률의 숨겨진 본질을 다음의 공식으로 재해석하고 싶다. 내가 의미하는 경제성장률의 핵심 본질은 다음과 같다.

한 사람의 성장률 = [(금년도 실질 노력 - 전년도 실질 노력) ÷ 전년도 실질 노력] × 100

내가 경제성장률의 금년도 실질 GDP와 전년도 실질 GDP를 '금년도 실질 노력'과 '전년도 실질 노력'으로 바꾼 데에는 이유가 있다. 결국 GDP를 늘리려면, 시민 한 명 한 명이 자신이 할 수 있는 최선의 노력을 다해야 하기 때문이다.

노력이 있어야 지속적 성장이 가능하다

노력을 투입한다는 의미는 자신의 모든 것을 쏟아붓는 것과 같다고 볼 수 있다. 왜 그럴까? 사람은 뭔가를 해보려는 마음이 들어야 "그래, 나라고 못 하겠어?"라는 마음이 들며 노력이라는 것을 시도해볼 생각이 들기 때문이다.

그런 의미에서 나는 노력과 관련한 몇 가지 명언 중 이 말을 가장 좋아한다. "어제와 똑같이 살면서 다른 미래를 기대하는 것은 정신병 초기 증세다. Insanity is doing the same thing over and over again and expecting different results."

사람들은 이 명언을 아인슈타인이 남겼다고 하지만, 사실 그는 이런 말을 한 번도 한 적이 없다. 그러나 그게 뭐가 중요하겠는가? 의미만 좋으면 되는 것이다. 나는 이 명언을 대학교 1학년 때 처음으로 들었는데, 그때 당시에 이 명언은 마치 나에게 이렇게 말하는 것 같았다. "노력하지 않으면서 긍정적인 변화를 바라는 것은 욕심이다."

정말 명쾌한 명언이었다. 그러나 나는 이 명언을 듣고 살면서 처음으로 이런 생각을 해봤다. "나는 살면서 나의 성장을 위해 얼마나 노력해봤는가?" 이 질문에 대한 답변을 쉽게 내놓을 수 없었다. 그동안 살아오면서 어떤 노력을 해봤는지 크게 생각했던 적이 없기 때문이다. 그래서 나는 대학교 1학년 시절, 경제학 원론 수업 때 배운 것을 토대로 〈한 사람의 성장률〉이라는 나만의 공식을 만들어봤다. 그리고 실제로 대학교 2학년부터

3학년까지는 이 공식을 삶에 대입해서 살아봤다.

성장을 위해서는 상상도 못 하는 전년 대비 금년도의 노력이 필요하다

나는 이 공식을 삶에 대입하며 놀라운 사실을 발견할 수 있었다. 그것은 〈한 사람의 성장률〉이 급격한 수치로 오르려면 정말 상상도 못 하는 양의 노력이 필요하다는 것이다. 그러나 내가 이 사실보다 더 뼈저리게 느낀 것이 있다. 그것은 노력을 해본 사람만이 더 열심히 노력한다는 것이다. 이유는 아주 간단하다. 노력을 통해 자기 성장을 체험한 사람만이 성장의 맛이 얼마나 달콤한지를 알기 때문이다. 마치 고기를 먹어본 사람이 고기의 맛을 더 잘 아는 것과 비슷한 것처럼 말이다.

예를 들어보자. 주위를 한번 둘러보라. 당신이 학생이든 직장인이든 당신의 학교 혹은 회사에서는 매번 거의 똑같은 사람이 전교 1등이나 성과 1위를 달성하고 있을 것이다. 왜 그럴까? 1등이나 1위를 해본 사람은 위Top 의 공기가 어떤 느낌인지 알기 때문에, 그 느낌을 계속 유지하려고 더 열심히 노력하기 때문이다. 그러나 이와는 반대의 경우도 있다. 그것은 바로 잃을 것이 하나도 없는 사람이 갑자기 엄청난 노력을 통해 위로 올라가려고 할 때다. 그럼 이들은 왜 갑자기 이런 마음을 갖게 되는가?

잃을 것이 없다는 것을 깨닫게 되면, 역설적으로 오히려 모든 것이 가능하다는 믿음을 갖게 된다. 한마디로 위기가 곧 기회로 보이는 것이다. 내가 정확히 고등학교 2학년부터 이 마음을 갖고 공부를 시작했다. 그리고 그 결과 나는 기적을 이뤘다. 나의 성장률은 기하급수적인 숫자를 자랑했다. 나같이 잃을 것이 없는 사람이 노력을 통해 기하급수적인 성장률을 자랑할 수 있는 이유는 하나다. 금년과 전년을 비교했을 때 금년의 노력 값이 크면, 전년 대비의 성장률은 급격히 오를 수밖에 없기 때문이다.

그런데 이 예시가 시사하는 바가 있다. 이는 즉 전교 1등이나 성과 1위를 하는 사람은 전년보다 훨씬 더 많은 노력을 금년에도 해야지만 자신이 원하는 성장률을 유지할 수 있다는 것이다. 그리고 내가 이들을 설명할 때 성장보다 유지라는 표현을 쓰는 데에는 이유가 있다. 이들은 유지만 해도 엄청난 노력을 했다는 걸 증명하기 때문이다.

인간은 로봇이 아니기 때문에 노력에도 쉼이 필요하다

그러나 사람은 이렇게 계속해서 노력만 할 수는 없다. 로봇이 아니기 때문이다. 모든 것에 자신이 가진 모든 것을 쏟아부으면 번아웃Burnout이 온다. 번아웃이 올 때는 정말 그 무엇도 할 수가 없다. 더 이상 앞으로 나아갈 수 있는 힘이 부족하기 때문이다. 나 또한 그런 적이 있다. 이때는 정말이지 별다른 방법이 없다. 그저 내 몸이 "너, 이제 움직여도 괜찮아"라고 말해줄 때까지 쉬는 수밖에 없다.

몸의 신호를 무시하고 성장만을 위해 더 많이 노력하려고 한다면 이때는 몸이 아예 신체 기능을 차단해버린다. 다른 사람의 이야기가 아니다. 나의 이야기다. 내가 정확히 이랬고 내 몸이 나를 차단했었다. 그래서 나는 이것을 계기로 휴식의 중요성을 깨달았다. 그러나 휴식을 취하는 과정에서 나는 한 가지 사실을 깨달았다. '부'를 추구하는 과정에서는 노력을 하는 것도 중요하지만 잠시 숨을 고르는 것도 매우 중요하다는 것을 말이다.

사실 누군가에게 이 말은 전혀 마음에 와닿지 않을 수도 있다. 어떤 이는 하루라도 움직이지 않으면 도저히 하루 식량을 채울 수 없을 정도로 먹고사는 게 힘들기 때문이다. 그래서 이들에게 휴식은 사치처럼 느껴질 수 있다. 오늘 쉬면 내일은 굶을 수도 있기 때문이다. 나도 개인적인 사정으로 금전적인 여유가 없던 적이 있다. 타국에서 홀로서기를 하고 싶어서 잠시 독립할 때였다. 그때 나의 머릿속은 온통 이 생각으로 가득했다.
"열심히 해야 해! 그래야 살아남을 수 있어!"

맞는 말이다. 그러나 틀린 말이기도 하다. 당시의 나는 너무나 이런 생각을 강하게 했던 나머지 만성피로, 과로, 번아웃을 선물로 받았기 때문이다. 그래서 노력이라는 것에는 모순도 따른다. 내가 병원에서 치료받고 약을 탈 때마다 매번 이런 생각을 했기 때문이다. "아니, 이렇게 병원비가 많이 드는 줄 알았으면 내가 이러고 살지 않았지… 쉬엄쉬엄해도 괜찮았어. 비싼 교훈을 얻었어."

경제성장률이 우리에게 남기는 메시지 : 조금 쉬었다가 다시 달리면 됩니다

휴식을 취할 때 우리는 무엇을 선택하고 집중해야 하는지 알 수 있다. 그리고 휴식을 취해야만 우리는 삶에 균형감각을 찾고 에너지를 조절할 수 있다. 그래서 어떻게 보면 우리는 현재 대한민국 혹은 세계 경제의 경제성장률을 보고 그렇게까지 걱정할 필요가 없다. 오히려 경제성장률이 낮게 예측될 때는 편안한 마음을 갖고 이렇게 받아들여도 괜찮다. "그래. 너 그동안 진짜 열심히 했잖아? 좀 쉬었다 가도 돼. 어떻게 매년 똑같은 속도로 달릴 수 있겠니? 좀 쉬면 다음에는 더 나아질 수 있어. 숨 좀 돌리고 가도 돼. 그래야 더 멀리 갈 수 있어."

사람마다 노력의 기준은 상대적이다. 그러나 당신이 생각했을 때 당신이 노력을 했다는 생각이 든다면, 당신은 진짜로 노력한 것이 맞다. 당신은 그동안 잘해왔고 지금도 잘하고 있다. 도대체 어떻게 이보다 더 잘하라는 말인가? 그런 명령은 사람이 아닌 로봇만 이행할 수 있다. 그런 의미에서 당신은 충분히 쉴 자격이 있다. 그러니 너무 걱정하지 말자. 그동안 열심히 달려온 사람은 조금 편하게 쉬어도 된다. 그리고 휴식을 취할 때는 다른 사람들도 노력을 통해 1등과 1위를 할 수 있는 영예를 허락하도록 하자. 그래야 다른 사람들도 성장의 맛을 경험하고 자기 자신뿐 아니라 한 사회가 원하는 '부'의 성장을 추구하지 않겠는가?

7. 투자

투자의 핵심은 더 큰 수익을 얻기 위한 자산 관리다.

악취 나는 부는
그 어디에도 투자하지 말라

돈의 품질을 파악하기 위해 배운 투자

대부분의 사람들은 투자라는 단어를 들을 때 돈을 버는 법부터 떠올릴 것이다. 일반적으로 투자는 돈을 버는 것부터 생각하는 것이 맞다. 투자는 자신이 원하는 이익을 위해 돈이나 자원 같은 것을 투입하는 행위이기 때문이다. 그러나 나는 대부분의 사람들과는 다른 투자 훈련을 받았다. 사람들이 돈을 벌기 위해 투자를 배울 때, 나는 돈의 품질을 분류하여 투자를 막기 위해 투자를 배웠기 때문이다.

내가 돈을 각각의 품질로 분류하고 투자를 막는 법부터 배운 이유는 하나다. 과거 나의 임무 중 하나는 불량한 사람들 혹은 곧 불량해질 것 같은 경제 주체들의 투자 활동을 예측하여, 그들의 돈이 시장에서 거래되지 못하도록 사전에 막는 것이었기 때문이다.

이 일은 한마디로 썩은 돈을 골라내어 금융 범죄를 막는 데에 주안점을 두는데, 나는 뉴욕에 있을 당시 관련 일을 자문했다. 원래 뉴욕의 월가Wall Street에서는 이런 일들을 전통 금융인과 변호사들이 맡았다. 그러나 2001년 미국에서 9.11 테러가 일어나고 2010년 이후 중동 지역에서 IS와 같은 국제 범죄 단체들이 우후죽순으로 생겨나기 시작하며, 월가에서는 나같이 외교안보와 정치경제에 특화된 사람을 찾기 시작했다. 전통 금융인들이 공격형 투자에 두각을 보이는 반면, 나 같은 사람은 리스크(위험 요소라고 이해하면 쉽다.) 관리에 두각을 보이기 때문이다.

공격형 투자자가 추구하는 부의 특징

리스크 관리 능력이 뛰어나면 몇 가지 장점을 누릴 수 있다. 그러나 그중 최고의 장점은 어떤 것이 우수한지 그리고 불량한지를 금방 찾아낸다는 것이다. 사실 공격형 투자로 돈을 버는 사람들은 나를 좋아하지 않는다. 나는 철저히 리스크 관리 입장에서 투자를 권하기보다 투자를 막는 데에 초점을 두기 때문이다. 그러나 내가 리스크를 다루며 느낀 것이 있다. 세상에는 썩은 돈이 많아서 생각보다 깨끗한 돈을 찾는다는 것은 하늘의 별 따기 수준이라는 것이다. 세상에 더러운 돈이 많아지는 것은 어쩔 수 없다. 지구 반대편에서 벌어지고 있는 일이기는 하지만, 아직도 몇몇 전쟁범죄자나 인종 대학살에 가담한 흉악범들은 불법 무기 판매나 주식 투자를 통해 수익을 올리고 있기 때문이다.

이런 나쁜 사람들에게는 특징이 있다. 이들은 꼬리가 길면 밟히기 때문에 주로 단시간 안에 이루어지는 공격형 투자를 선호한다는 것이다. 그러나 이것이 시사하는 바는 생각보다 훨씬 크다. 이제는 과거처럼 돈의 품질을 따지지 않고 공격형 투자를 감행하는 것이 불가능에 가깝다는 것이다. 왜? 이런 나쁜 사람들의 범죄를 막기 위해서라도 세계 경제가 금융제재Sanctions와 같은 법적 제도를 도입했기 때문이다.

과거에는 돈의 품질과 금융제재까지 신경 써가면서 머리 아프게 투자할 필요가 없었다. 그래서 수익률 최대치가 목표였던 공격형 투자자들은 빠른 자금의 순환을 통해 가장 알맞은 타이밍에 투자를 하며 '부'를 거머쥐었다. 결국 이것이 의미하는 것은 무엇이겠는가? 이는 즉 과거의 공격형 투자자들은 따로 치밀하게 돈의 품질을 살피지 않았다는 것이다.

물론 과거에도 돈세탁 같은 행위는 범죄에 해당했다. 그래서 아무리 돈을 좋아하는 투자자더라도 출처가 불분명한 자금은 투자금으로 쓰지 않았다. 그러나 이제는 세계 금융 시장이 이보다 더 엄격한 제도인 제재를 도입했다. 작금의 금융 시장은 돈의 주인이 누구인지를 따진다. 그리고 리스크를 분석해봤을 때 그 주인이 수단과 방법을 가리지 않고 돈만 추구한다는 판단이 든다면, 그때는 자금 출처 확인 프로그램이 빨간색 깃발을 올린다. 한마디로 요주의 인물일 가능성이 있으니 잘 살펴보라는 뜻이다. 그리고 이렇게 요주의 인물이 진짜 나쁜 일을 꾸미고 있다는 정황을 밝혀낸다면, 그때는 가차 없이 계좌를 동결하고 제재를 가해버린다.

돈의 품질을 따져야만 하는 이유

제재의 역사는 길다. 그러나 금융제재는 2014년 이후부터 활발하게 쓰이기 시작했다고 해도 과언이 아니다. 러시아의 크림

반도 강제 병합이 그 불씨가 됐고, 2022년 2월에 일어난 러시아의 우크라이나 침공이 전 세계 금융제재 패러다임을 180도로 바꿔놨다. 국제 사회에서 패러다임이 바뀐다는 말은 그간에 취해온 행동 방식을 바꿔야 한다는 의미와 같다. 이것을 투자의 측면에서 살펴보자면, 이제는 돈의 품질을 투자의 첫 단계서부터 철저히 따져야 한다는 것을 의미한다.

돈의 품질을 따지지 않고 투자를 하는 것이 얼마나 무서운 결과를 초래하는지 소개해보도록 하겠다. 예를 들어보자. A라는 사람은 투자회사에서 일하는 투자 전략가로서 투자금을 유치하고 있었다. 그런데 나중에 알고 보니 그가 모은 투자금의 일부는 미국 OFAC(미국 재무부 산하 해외자산통제국을 말한다.)이 지정한 금융제재 대상자 소유의 자금이었다. 그가 투자금을 유치하고 있을 때만 하더라도 해당 투자금의 주인인 B는 미국 금융제재 대상에 포함되지 않았다. 그러나 미국은 2014년에 '50% 규칙50% Rule'이라는 제재 규칙을 개정했다. 개정 규칙이 시행된 이후 해당 투자금의 주인인 B는 금융제재 대상에 오르게 됐다. 왜? B가 남몰래 어떤 테러단체의 활동을 간접적으로 후원하고 있었기 때문이다.

어린이도 이해할 수 있을 정도로 50% 규칙을 쉽게 설명하자면 이는 마치 다음과 같다. 검은색 물감을 생각해보면 쉽다. 아무리 스케치북에 열심히 초록색 물감으로 그림을 그린다고 해도 마지막에 검은색 물감 몇 방울을 떨어뜨리면, 그림은 검정으로 변해버린다. 여기서 초록색 물감은 기업이고 검은색 물감은 B와 같은 제재 대상자다. 제재 대상자가 어떤 기업의 지분을 50% 이상 보유하고 있다면, 해당 기업은 자동으로 제재 대상이 되어버린다. 이것이 50% 규칙의 원리다.

그렇다면 50% 규칙이 투자에 미치는 영향은 무엇일까? B 때문에 C라는 회사도 제재 대상이 되고 B의 투자금을 사용한 A도 제재 대상이 되는 것이다. 한마디로 친구 따라 강남 갈 줄 알았는데 이상한 곳으로 가게 되는 것이다. 이 상황에서 A는 자신의 무죄를 열심히 증명한다고 가정해보자. 투자금을 유치할 때만 하더라도 B는 미국의 금융제재 대상자가 아니었기 때문이다. 안타깝지만 A는 무죄를 입증하기 어려울 것이다. 대체로 금융제재 위반 사건은 이 같은 상황에서 A 같은 투자자에게 벌금형을 선고하는 경우가 많기 때문이다.

더러운 돈의 악취는 언제나 전조를 보인다

이 예시는 실제로 미국뿐 아니라 전 세계 금융 시장에서 일어나고 있는 일이라고 봐도 무방하다. 이런 일들이 발생하는 데에는 이유가 있다. 아직도 수많은 투자자와 기업들이 '부' 자체에만 눈이 멀어서 돈의 품질은 제대로 살피지 않고 있기 때문이다. 그러나 내가 그동안 나쁜 사람들의 돈과 투자 패턴을 보며 느낀 것이 있다. 그들의 돈에서는 악취가 나고 이 악취는 이미 오래전부터 전조 증상을 보여왔다는 것이다.

대부분의 은행이나 기업들이 자금세탁 방지Anti-Money Laundering와 고객정보 확인 전문가를 고용하는 이유도 바로 이것이다. 사실 전문가가 아니더라도 웬만한 사람들은 한 사람의 투자 성향이나 계좌 그리고 영수증만 보더라도 그 사람이 어떤 사람인지 알아낼 수 있다. 그런데 돈을 빨리 벌고 싶어서 무리하게 수익만 추구하는 투자자들은 전 세계 어디에서든 똑같은 모습을 보인다. 그들은 돈이면 다 되는 줄 알기 때문에 그 돈이 어떤 경로로 들어왔는지는 따지지도 않는다는 것이다. 즉 이들은 썩을 고기를 냉장고에 넣는 것과 다름이 없는 것이다.

악취 제거를 위해 투자 과정을 관찰하자

'부'만 뚫어지게 보는 사람 중에는 돈이면 다 된다고 생각하는 사람들이 많다. 나는 그런 사람들에게 이 말을 해주고 싶다. "고기라고 다 같은 고기가 아닙니다. 나쁜 고기는 언젠가는 썩게 될 거예요. 아니면 이미 썩어서 악취가 날 수도 있고요. 그런데 말이죠, 고기에 향수를 뿌린다고 악취가 없어지는 것은 아니에요. 그러니 썩은 고기는 애초에 갖다 버리세요."

악취를 없앨 수 있는 근본적인 방법은 단 하나다. 아예 악취가 될만한 요소를 투자의 첫 단계서부터 완벽하게 제거하는 것이다. 이것이 투자를 하기 전에 알고 있어야 하는 돈의 본질이다. 깨끗하고 품질 좋은 '부'를 추구하고 싶다면, 우리는 그 '부'의 결과보다 '부' 자체가 이루어지는 과정을 먼저 살펴야 한다. 투자의 초기 단계에서 어떤 품질의 '부'가 들어와 있는지를 봐야, 나중에 그 '부'에서 악취가 날지 말지를 알 수 있기 때문이다.

그런 의미에서 나는 당신에게 묻겠다. 당신은 투자를 왜 하는가? 투자는 수익을 얻기 위해서 하는 것이다. 그래서 투자를 통해 진정으로 당신이 원하는 것을 얻고 싶다면, 당신은 '부'의 품질부터 철저하게 따져볼 필요가 있다. '부'의 품질을 따져보기 위해서는 그 '부'가 어떤 투자 과정을 거쳤는지 확인해봐야 한다. 이것을 알 수 있는 가장 쉬운 방법이 있다. 돈의 주인이 어떤 사람인지 파악하는 것이다. (초록은 동색이다. 좋은 주인 옆에 좋은 돈이 있고, 나쁜 주인 옆에 나쁜 돈이 있다.)

정말이지 썩은 고기는 먹지 못한다. 그러니 냉장고에는 언제나 신선한 고기만 넣자. 유통기한 지난 고기는 언제 악취가 날지 모르니까 말이다.

8. 인플레이션

인플레이션의 핵심은 물가가 계속 상승해서
화폐의 가치가 떨어지는 것이다.

부의 최고의 적은 인플레이션이다

코로나바이러스보다 무서운 인플레이션

2021년 3월 미국 뉴욕에서 월가 투자자들을 상대로 진행된 설문조사의 결과다. 설문조사의 질문은 이렇다. “당신은 현재 시장에서의 가장 큰 불안 요소가 무엇이라고 생각하나요?” 나는 당연히 1위의 답변으로 코로나바이러스가 나올 줄 알았다. 그러나 의외의 답변이 1위를 차지했다. 인플레이션이었다.

상위 3위의 답변을 공유하도록 하겠다. 본 설문지의 무려 37%나 되는 응답자는 인플레이션을 1위로 뽑았고, 응답자의 35%는 미국 연방준비제도(미국의 중앙은행을 말한다.)의 테이퍼링

Tapering, 자산매입 축소을 2위로 뽑았다. 그렇다면 코로나바이러스는 몇 위를 했을까? 응답자의 15%가 코로나바이러스를 답하며 코로나바이러스는 설문조사의 3위를 차지했다.[2)]

인플레이션을 두려워하는 근본적인 이유

일반인들은 설문조사의 결과를 보고 조금 의아하다는 생각을 가질 수 있다. 코로나바이러스처럼 전 세계를 강타한 세계 경제의 적이 없기 때문이다. 그러나 돈을 업으로 다루는 사람들은 그렇게 생각하지 않는다. 코로나바이러스는 백신이라도 있어서 더 이상 큰 걱정거리가 아니지만, 물가가 지속해서 치솟는 인플레이션은 자칫 잘못하면 하이퍼인플레이션Hyper Inflation 으로 발전할 수도 있기 때문이다.

인플레이션이 발생하는 데에는 여러 요인이 있다. 그리고 이 중 가장 대표적인 세 가지는 1) 공급 감소, 2) 통화량 증가(중앙은행의 양적완화), 3) 수요 증가다. 사실 평소에는 세 가지 요인 중 하나만 작용해도 물가가 오른다. 그리고 물가가 오르면 서민들은 숨을 쉴 수 없다. 기존에 가진 돈으로는 이제 그 어떤 물건도 구매하기가 어렵기 때문이다. 그렇다면 팬데믹 시대의 경제는 어떤가? 놀랍지만 전 세계는 이 모든 요인을 다 겪었다.

첫 번째, 코로나로 공장이 문을 닫으니 공급은 자연스레 감소할 수밖에 없었다. 두 번째, 경제가 사막처럼 말라가니 중앙은행들은 돈을 물처럼 쏟아서 통화량을 늘렸다. 그리고 세 번째, 집에만 갇혀 있던 사람들은 위드 코로나With Corona로 밖에 나가게 됐으니, 쇼핑을 향한 사람들의 수요는 늘어났다.

중앙은행이 금리를 낮추고 돈을 쏟으면 투자자들은 행복하다. 시중에 돈이 많아지기 때문이다. 그래서 팬데믹 기간에 다른 사람들이 죽을 쑤고 있을 때 생각보다 몇몇 투자자들은 엄청난 돈의 맛을 봤다. 그리고 이러한 돈의 맛을 본 사람들은 당연히 미국 연방준비제도(연준)의 테이퍼링 소식을 겁낼 수밖에 없다. 시중에 통화량이 많아지고 금리도 낮아져야 사람들이 투자를 할 텐데 정부가 자산매입을 줄이고 금리를 높이면, 사람들은 주식을 사는 대신 은행에 돈을 저축하기 때문이다.

인플레이션의 어원을 알면 욕심이 보인다

나는 이 설문조사가 이루어졌던 시점에 뉴욕에 거주하고 있었다. 그리고 뉴욕에서 미국 연준의 새로운 정책 발표와 이에 따른 투자자들의 인터뷰를 보며 이런 생각을 했다. "그래, 인플레이션 무섭지. 그런데 어떻게 보면, 나는 물가 인플레이션보다 욕심 인플레이션이 더 무섭다."

인플레이션Inflation이라는 단어의 어원을 아는 사람은 아마 내가 무슨 말을 하는지 금방 눈치챘을 것 같다. 사실 영어에서는 공기를 주입하여 무언가를 부풀게 하고 싶을 때 인플레이션이라는 단어를 쓴다. 이것이 인플레이션의 첫 번째 의미다. 그러나 나는 예전에 이 어원을 보며 이런 생각을 한 적이 있다. "그럼 허파에 바람이 든 것도 인플레이션이겠네?"

어떻게 생각할지 모르겠지만 나는 허파에 바람이 든 것도 명백한 인플레이션이라고 본다. 왜? 우리는 흔히 허파에 바람이 든 사람을 실없이 행동하고 마음이 들떠서 미덥지 못하다고 표현할 때가 많기 때문이다. 그래서 나의 기준에서 봤을 때 허파에 바람이 든 사람은 한마디로 허세가 가득하여 무언가를 과시하고 싶어서 안달이 난 사람과 다름이 없다.

"어때, 나 좀 있어 보이지?"라고 묻는 욕심

나의 별명은 할머니다. 그 비싼 스마트폰으로 내가 고작 하는 것이라고는 문자, 전화, 이메일 확인이 전부이기 때문이다. 그러나 그런 나도 SNS를 그 누구보다 열심히 할 때가 있다. 그것은 바로 사람들의 소비 패턴을 분석할 때다.

SNS상에서 발견되는 MZ세대의 소비 패턴에는 특이점이 있다. 이들은 플렉스Flex를 극적으로 지향하거나 지양한다는 것이다. 흥미롭지 않은가? 돈 자랑을 위해 플렉스를 하는 인플루언서Influencer들은 이미 SNS에 올리는 사진부터가 다르다. 그리고 SNS상에서는 이미지가 화려한 사진들이 사용자의 시선을 사로잡기 때문에, 나 또한 이들이 올리는 사진에 시선을 빼앗기는 것은 어쩔 수가 없다.

그러나 때로는 어떤 이들의 SNS를 보며 할 말을 잃을 때도 있다. 내가 본 어떤 이는 자신의 SNS에 비싼 자동차 사진을 올리며 이런 문구를 올린 적이 있기 때문이다. "영끌 Flex. 또 질렀음. 인생 별것 없음." 결국 이게 무슨 말이겠는가? 한 번 사는 인생이니 빚을 내서라도 본인이 원하는 것은 구매하겠다는 것이다. 자본주의 사회에서 자유로운 소비는 소비자의 개인적 권리다. 그래서 나도 이에 대해 왈가왈부할 자격은 없다고 본다. 그런데 정말이지 이런 SNS 포스트를 볼 때면 너무나 신기한 댓글을 발견할 때가 있다. 예를 들면 이런 댓글 말이다.

"차 멋있습니다. 저번 달에 차 뽑았는데 마음에 드는 게 또

나왔더라고요. 그래서 이번에도 영끌해야 하나 고민 중입니다. 부럽습니다."

대한민국은 민주주의 국가이니 이 댓글에 대해서도 특별한 발언은 하지 않으려 한다. 영끌을 해서라도 새 차를 사고 싶은 것 또한 그 사람의 자유이기 때문이다. 그러나 나에게도 표현의 자유는 보장됐으니, 모두가 이해할 만한 선에서 내 개인적 의견을 조심스레 공유해보고자 한다. 바로 이런 질문으로 말이다. "그런데요, 그 영혼은 이미 다 끌어다 쓰지 않으셨나요?"

정말 솔직하게 말하자면, 경제적 능력이 되는 사람은 영혼을 끌어서 대출받을 필요가 없다. 능력이 되는데 뭣 하러 은행에 가서 대출을 신청하겠는가? 그런 점에서 내 눈에 이 모든 것은 그저 빚더미에 허덕이는 거짓된 '부'의 예고편일 뿐이다. 그리고 나에게 있어서 이러한 거짓된 '부'는 욕심 인플레이션에 지나지 않는다. 욕심이 지속해서 상승하면, 결국에 나라는 사람의 가치는 하락하기 때문이다.

욕심이 인플레이션이 되는 원리

나는 SNS뿐 아니라 우리의 삶 속에서 욕심이라는 마음 자체가 어떻게 인플레이션으로 나타날 수 있는지 설명해보려 한다.

예를 들어보자. 당신과 당신의 친구는 명품을 좋아한다. 두 사람은 SNS상에서 인플루언서로 활동하고 있다. 두 사람은 인플루언서라는 직업의 특성상 대중의 관심을 좋아한다. 대중의 이목을 끌려는 두 사람의 욕구는 점점 증가하고 있다. 대중의 이목을 끄는 최고의 방법이 있다. SNS에 이미지가 화려한 명품 가방 사진을 올려서 구독자 수를 확보하는 것이다.

그런데 이를 어쩐다? 둘 다 비슷한 전략을 쓴 나머지 두 사람의 구독자 수는 비슷하다. 자, 이제부터는 대책이 필요하다. 하지만 문제가 있다. 화려한 콘텐츠를 올리기 위해 이미 너무 많은 돈을 쓴 나머지, 당신은 빈털터리가 됐기 때문이다. 그러나 어쩔 수 없다. 지금 같은 상황에서 더 많은 구독자를 확보하기 위해서는 더 화려한 명품 가방 사진이 필요하다. 그래서 당신은 빚을 내서 한정판 명품 가방을 샀다. SNS에 사진을 올리기 위해서 말이다.

놀랍게도 몇 시간 만에 당신의 구독자 수는 몇천 명으로 늘어났다. 이를 본 당신의 친구는 질투를 느낀 나머지 당신이 구매했던 명품 가방보다 더 비싼 것을 사서 SNS에 올렸다. 오, 이런! 친구가 산 명품 가방은 전 세계에 2개밖에 없다고 한다. 어떻게 확보한 구독자인데 이 기회를 놓칠 수는 없는 것이다. 그래서 당신은 더 많은 빚을 내서 전 세계에 딱 하나 남은 가방마저 사버렸다. 축하한다. 당신은 총 1만 개의 '좋아요 Like'를 얻는 대신 파산과 관종 말기라는 부작용을 얻게 됐다.

욕심 인플레이션이 주는 교훈 : 모든 것에는 정도가 있다

나는 이것을 단순한 예시로 설명했지만 사실 이 현상은 실제 온라인상에서 일어나고 있는 과시욕 인플레이션이라고 봐도 무방하다.

인플레이션은 별 게 아니다. 나라는 사람이 감당해야 하는 무언가가 지속해서 상승한다면, 우리는 그것을 인플레이션이라고 부른다. 그런데 뭐든지 도가 지나치면 화를 얻게 되어 있다. 그래서 인플레이션의 본질은 우리에게 이런 메시지를 전한다. "모든 것에는 균형과 정도가 있어야 합니다."

'부'도 마찬가지다. 끝없이 부를 추구해봤자 당신에게 허락된 '부'의 크기는 이미 어느 정도 정해져 있다. '부'의 크기를 키우고 싶다면, 당신은 이전과는 완전 다른 방법을 통해 새로운 그릇을 만들어야 한다. 그러나 나는 이 메시지도 전하고 싶다. 당신이 지금의 상태로도 어느 정도 만족하는 삶을 누리고 있다면, 당신에게는 지금 이 삶도 아주 훌륭하다는 것을 말이다.

돈을 좋아하는 것은 좋은 것이다. 이는 마치 살면서 어느 정도의 욕심은 오히려 자기 계발에도 좋고, 어느 정도의 인플레이션도 경제에 긍정적인 영향을 미치기 때문이다. 그러나 지나친 욕심은 좋지 않다. 지나친 것은 결국 흘러넘치거나 타버리기 때문이다. '부' 또한 그렇다. 그러니 너무 돈, 돈, 돈 하지 않았으면 좋겠다. 좋아하는 게 지나치면 그것은 애정이 아니라 집착만 되기 때문이다.

9. 경제적 유인

경제적 유인의 핵심은 당근과 채찍을 통한 행동 변화다. 쉽게 말해 보상은 긍정적 경제적 유인인 반면, 처벌은 부정적 경제적 유인이다.

부와 빈의 메커니즘을 이해해야 행동이 바뀐다

富, 집에 맛있는 밥이 기다리고 있으니 얼른 집에 들어오게끔 만드는 유인책

내가 제일 좋아하는 취미 중 하나는 단어의 어원을 찾는 것이다. 내가 어원을 좋아하는 데에는 이유가 있다. 단어의 근원을 알면 몇천 년 전 사람들의 시각으로 그 단어가 탄생한 이유, 배경, 그리고 역사를 알 수 있기 때문이다. 그렇다면 우리가 그토록 찬양하는 '부'의 어원은 어떻게 될까? 인플레이션 부분에서는 영어의 어원을 살펴봤으니 이번에는 한자로 보도록 하자.

'부'의 한자는 이렇게 생겼다. 富. 어떤가? 이 한자, 너무 귀엽

게 생기지 않았는가? 나는 어릴 때 富가 마치 가스레인지 위에 올려진 솥 밥처럼 생겨서 이 한자를 좋아했다. 그런데 고등학교 시절, 나는 富라는 한자가 탄생한 배경을 보고 깜짝 놀랄 수밖에 없었다. 富는 집을 가리키는 '면(宀)'과 가득할 '복(畐)'이 합쳐져서 탄생한 글자이기 때문이다.

나에게 있어서 최고의 '복'은 밥이다. 그러니 집에 맛있는 밥이 나를 기다리고 있다면, 이것만큼 큰 복이 어디에 있다는 말인가? 그런 의미에서 나는 富를 보는 순간 딱 한 명이 생각났다. 우리 어머니다. 우리 어머니는 나를 제일 잘 아는 사람 중 한 분이시다. 그래서 우리 어머니는 내가 무슨 밥을 좋아하는지 그리고 무슨 반찬을 좋아하는지 잘 아신다.

사실 나는 중학교에 들어가기 전까지 매일같이 동네에서 자전거를 3시간씩 탔다. 학교 수업이 1시에 끝나면 오후 4시까지 자전거를 탔고, 학교 수업이 3시에 끝나면 저녁 식사 전까지 자전거만 탔다. 그리고 저녁 시간이 될 즈음, 우리 어머니께서 나를 부르시는 방법은 딱 하나였다. 부엌에 있는 창문을 여시고서는 내가 좋아하는 밥 냄새가 나를 집으로 들어오게끔 유인하는 방법이었다.

[illegible]를 통해 행동을 관리하다

우리 어머니의 교육 방식은 참으로 특이했다. 나를 거의 들소처럼 키우셨기 때문이다. 우리 언니는 어릴 때부터 공부를 잘했다. 언니는 늘 학교에서 1등을 했다. 그러나 나는 정반대였다. 그래서 나는 살면서 단 한 번도 받아쓰기 시험을 100점 맞아 본 적이 없을 정도로 공부를 못했다. 그런 이유여서 그런지는 모르겠지만, 어머니와 아버지께서는 늘 나에게 이런 말씀만 하셨다. "시험지에 이름은 썼지? 이름 썼으면 됐다. 우리 막내는 그냥 밥 잘 먹고 건강하게 자라서 착한 사람으로 살거라."

나는 이 말만 듣고 실제로 이때까지 모든 시험지에 이름 하나는 기가 막히게 썼다. 그리고 급식 시간에도 절대로 반찬을 남기지 않았다. 나는 밥 잘 먹고 건강하게 자라서 많은 이들에게 선한 일을 하는 사람이 되어야 했기 때문이다. 그러나 내가 직접 성인이 되어보니 이 사명은 거의 모든 이들이 추구해야 하는 진리의 사명이었다. 밥을 먹는다는 것은 사랑이라는 영양분을 먹는 것이고, 그 사랑을 토대로 건강한 생각을 한다는 것은 세상에 선한 가치를 창출하는 원동력이 되기 때문이다.

경제적 유인의 핵심 본질은 무엇인가? '보상Reward'과 '벌Punishment'이라는 유인책을 써서 사람으로 하여금 자신의 행동을 바꾸게 하는 것이다. 나는 분명히 富가 맛있는 집밥처럼 보인다고 말했다. 그런 의미에서 나에게 富는 그 어떤 경제적 유인 중에서도 최고의 보상으로 보인다. 나에게 있어서 집밥은 최고의 '부'와 다름이 없기 때문이다. 그래서 나는 평소에도 富를 생각할 때마다 나의 행동 하나하나를 살펴보게 된다. 행동을 살펴야 사랑 가득한 집밥을 먹으면서 더 많은 이들에게 사랑 가득한 마음을 나눠줄 수 있기 때문이다.

진심으로 행동하기 위해서는 富의 반대 개념도 이해해야 한다

그러나 富만 생각해서는 안 된다는 것을 깨달은 적이 있다. 뭐든지 조금 더 고차원적인 것을 추구하려면 좋은 것 이상의 다양한 경험을 해야 하기 때문이다. 이 말은 즉 선한 가치를 추구하는 것이 나의 소망이라고 하더라도, 진정한 선(善)의 가치를 이해하기 위해서는 선을 다른 차원에서도 봐야 한다는 것을 의미한다.

선의 반대는 악(惡)이다. 나는 기독교인이다. 성경에서 악은 죄다. 그런데 성경에서는 죄를 설명할 때 이 단어도 반복적으로 쓰는 경향이 있다. 그것은 바로 욕심이다. 나는 인플레이션의 본질을 설명할 때 '부'의 최대의 적은 욕심 인플레이션이라고 말했다. 욕심이 악이 되는 이유는 하나다. 욕심은 죄를 낳고 그 죄가 커지면 사람을 사망으로 이끌기 때문이다.

욕심은 악을 대표하는 상징이기도 하다. 그런데 경제적 유인에서는 다음의 논리를 여러 번 강조한다. 그것은 바로 나쁜 행동을 한 것에 대해서는 부정적 경제적 유인인 벌Punishment이 따른다는 것이다. 벌은 보상과 반대되는 개념이다. 그래서 '부'가 보상과 같이 간다면, 벌은 '부'의 반대 개념인 '빈(貧)'과 같이 간다고 봐도 무방하다. 그렇다면 질문이다. "부정적 경제적 유인인 벌은 왜 '부'의 반대 개념인 '빈(貧)'과 함께 가는가?"

[illegible]이 행동을 완성하는 이유

내가 좋아하는 어원을 통해 '부'의 반대 개념인 '빈'을 살펴보도록 하자. '빈'은 흔히 가난하다, 모자라다, 부족하다, 결핍된다라는 뜻을 담고 있다. '빈'은 한자로 貧인데 이 글자는 나눌 '분(分)'과 조개 '패(貝)'가 합쳐져서 탄생했다.

다들 나눌 '분'은 알겠는데 '빈'이라는 한자에 왜 조개 '패'가

들어가는지는 잘 모를 것이다. 이를 설명하기 위해 재미있는 이야기를 하나 소개해보려 한다. 일본에서는 품질 좋은 바둑돌을 만들 때 최상품의 조개껍데기를 쓴다. 그래서 전 세계에 내로라하는 프로 바둑 기사들은 이 바둑돌 하나를 구하기 위해 몇천만 원을 기꺼이 낸다.

그런 것처럼 동양에서는 과거에 조개를 아주 고가의 상품이자 화폐 즉 돈으로 사용했다. 그렇다. 한자 '빈(貧)'에서 조개는 돈을 뜻한다. 그래서 '빈'은 돈을 여러 명과 나눠서 가난해진다는 뜻을 담고 있다. 이는 즉 한자 '빈'이 무언가를 나눠서 부족해진다는 뜻을 강조하는 반면, 한자 '부'는 무언가를 집안에 가득 채운다는 뜻을 강조하는 것이다.

그렇다면 '빈'은 어떻게 해서 한 사람이 실천하려는 진정한 행동을 완성할 수 있다는 말인가? 한번 이렇게 생각해보자. 나는 조금 전까지 '부'는 집 안에 무언가를 가득 채우는 것이라고 말했다. 그래서 '부'는 '복'이라는 좋은 생각과 행동을 가득 채움으로써 받는 '보상'이라고 봐도 무방하다. 그러나 여러 번 강조하지만 모든 것에는 정도라는 것이 있다. 그래서 정도를 벗어나면 '부' 또한 초과할 수밖에 없는 것이다. 각자에게는 각자에게 허락된 그릇의 크기가 있기 때문이다.

내 그릇이 30만 담을 수 있는데 70을 추구한다면 이것은 욕심이다. 욕심은 악이자 죄다. 이럴 때는 그 욕심을 나누어서 최대한 많은 사람들에게 '돈(조개)'이라는 가치로 나누어줘야 한다. 그런 의미에서 나눔은 곧 욕심 있는 사람들에게 내려지는 처방전과 같다. 그러므로 부정적 경제적 유인으로 분류되는 벌은 한 사람이 욕심을 버리고 다시 올바르게 행동할 수 있도록 유인하는 데에 목표를 둔다.

부와 빈을 기억하며 나눔이라는 행동을 통해 상부상조하는 삶

모든 행동에는 당근인 보상과 채찍인 벌이 따른다. 내가 아는 어떤 사람은 돈만 많고 품격은 하나도 찾아볼 수 없는 졸부다. 그녀는 매일 같이 세무사를 만난다. 나는 처음에 그녀의 배우자가 세무사인 줄 알았다. 알고 보니 아니었다. 그녀는 최대한 세금을 덜 내고 자식에게 상속을 물려주기 위해 매일 같이 세무사를 찾았던 것이다.

부모가 자녀를 사랑하는 마음은 이해가 간다. 하지만 진짜 지혜로운 자녀는 부모로부터 상속받는 것보다 다른 방법을 선택할 것이다. 그것은 바로 '부'를 어떻게 창출했는지 배우는 것이다. 물고기를 잡아주기보다는 물고기 잡는 법을 알려주는 게 훨씬 낫다. 왜 그럴까? 잡아준 물고기를 계속 먹기만 하면 돼지가 되기 때문이다.

도축사는 통통한 돼지를 좋아한다. 그리고 도축사는 통통해진 돼지를 보며 이런 말을 할 것이다. "돼지야, 정말 잘 컸구나. 자, 이제 나와 함께 갈 시간이야." 누군가는 이 비유가 잔인하다고 생각할 수도 있다. 그러나 나는 오히려 돼지에게 계속 밥만 먹이는 사람이 더 잔인하다고 생각한다. 계속 밥만 먹이고 그 밥을 다른 이들과는 나눌 생각을 못 했기 때문에, 돼지가 도축장에 끌려가기 때문이다.

경제적 유인의 본질은 우리에게 말한다. 채울 줄 알면 나눌 줄도 알아야 한다는 것을 말이다. '부'를 이미 가득 채운 사람은 '부'가 필요한 다른 이들에게 그 방법을 알려주며 함께 성장해야 한다. 이 진리를 알고 나눔을 행동으로 옮기는 사람은 더 큰 축복을 받을 수밖에 없다. 나눔은 곧 축복이기 때문이다. 그러나 시간과 기회가 허락됐어도 나눔을 실천하지 않는 사람에게는 하늘이 알아서 '빈'이라는 벌을 내린다.

'빈'에 너무 노출되면 어떤 이는 '부'를 나쁜 것으로만 바라본다. 그리고선 이런 말을 하곤 한다. "부자들은 믿는 게 아니야. 그들은 권위적이야." 나에게 돈의 기초를 가르쳐주신 멘토님

중 한 분은 이런 말씀을 하신 적이 있다. "금전적으로 빈곤한 문제는 언제든 해결할 수 있단다. 나도 자수성가를 했으니 말이다. 그러나 정신적으로 빈곤한 문제는 해결할 수 없단다. 그건 경제적 문제가 아니라 정신적 문제이니 말이다."

내가 살면서 들었던 말 중에 가장 어이가 없어서 대답할 가치도 느끼지 못했던 말이 있다. 바로 이 말이다. "부자가 왜 남을 돕는지 아세요? 그들은 우월감을 느끼고 싶어서 기부하는 거예요. 한마디로 도와주는 척하는 거지요." 근데 더 황당한 것은 뭔지 아는가? 이 사람은 이런 말을 하면서도 계속 부자가 더 많은 돈을 기부해야 한다고 주장한다는 것이다. 자기는 단 돈 1원도 남한테 주지 않고 말이다.

돈은 잘못이 없다. 중요한 것은 돈을 가지고 어떤 생각과 마음을 갖느냐는 것이다. 주지는 않고 바라기만 하는 사람치고 잘 사는 것을 보지 못했다. 주면 손해 본다는 생각이 드는가? 천만의 말씀. 줄 수 있으니까 주는 것이다. 이것은 우월이 아니라 공존을 위한 나눔이다. 이걸로 비꼬는 사람이 있다면, 당장 연을 끊길 바란다. 정신적 빈곤은 전염력이 강하기 때문이다. 그런 점에서 이 사실을 꼭 기억해줬으면 좋겠다. '부'는 주고받는 게 아니다. '부'는 주고 또 줘서 서로 도우며 더 크게 채우는 것이다. 이것이 진정한 물질적 풍요이자 정신적 풍요다.

10. 정부 실패

정부 실패의 핵심은 '오히려'에 있다. '오히려'라는 단어는 주로 언제 쓰이는가? 생각지도 못한 부분이 문제를 일으킬 때 '오히려'라는 단어를 쓴다. 이처럼 정부가 시장에 개입했다가 '오히려' 시장의 문제를 악화할 때 정부 실패라는 용어를 쓴다.

누가 주도하는 사회냐에 따라서 부가 증발하고, 민간이 부 늘리기를 주도하게 만든다!

지나치게 주도적인 정부를 만나면 부가 증발한다

사실 나는 긍정적인 것을 좋아하는지라 어떤 단어에 실패라는 단어가 들어가는 것을 좋아하지 않는다. 왠지 이런 단어는 어떤 주체를 영원한 실패의 아이콘으로 비출 가능성이 크다고 보기 때문이다.

나는 그동안 주로 공적인 분야에서 경력을 쌓아왔다. 그래서 과거에는 공무원으로도 재직한 적이 있다. 그러나 그런 내가 정부 실패를 Part 1의 맨 마지막 부분에서 설명하는 이유는 무엇일까? 이유는 하나다. 아무리 국민 개개인이 열심히 노력해서 '부'라는 멋진 가치를 창출한다고 하더라도, 정부가 모든 것을 주도적으로 이끌고 나간다면, 국민의 '부'는 수증기처럼 증발하기 때문이다.

주도라는 뜻의 양면성

1970년대 말경에 정부 실패라는 단어가 등장했다. 이론적으로만 본다면, 정부 실패를 초래하는 데에는 몇 가지 경우가 있다. 그러나 그중 가장 대표적인 경우는 시장이 자원을 효율적으로 분배하지 못해서 정부가 시장에 개입했다가 더 큰 문제가 발생하는 경우다.

정부 실패의 핵심은 지나친 정부 주도형 개입으로 인해서 시장의 문제가 '오히려' 더 악화한다는 것이다. 전 세계인 모두가 경험한 정부 실패의 대표적인 사례가 바로 석유 파동이다. 사실 1960년대부터 1970년대까지 세계 경제는 각국의 정부 주도형 경제 성장 전략으로 발전했다고 해도 과언이 아니다. 그러나 1970년대 말경 전 세계는 큰 경제 침체를 경험했다. 1973년 중동에서 발발한 제4차 중동전쟁과 1978년 말 이란에서 일어난 이슬람 혁명으로 인해서 전 세계는 석유 수급에 큰 문제를 겪었기 때문이다.

석유 파동은 전 세계 공급에 충격을 가했다. 그리고 이 이유로 원유를 비롯한 기타 원자재의 가격도 급등했다. 그러나 문제는 여기서 끝나지 않았다. 왜냐하면 세계 경제는 물가 상승과 경기 후퇴가 동시에 발생하는 스태그플레이션Stagflation을 경험했기 때문이다. 사실 이렇게 석유 파동과 같이 여러 문제가 동시다발적으로 발생하는 상황에서는 정부가 아무리 좋은 정책으로 시장에 개입한다고 해도 정부 혼자서 이 문제를 해결할 수는 없다.

석유 파동이 일어났을 때 각국의 정부는 총수요관리정책을 시행했다. 그러나 이 정책은 그다지 효과적이지 못했다. 왜일까? 우선 총수요관리정책은 다음의 문제를 갖는다. 예를 들어 보자. 안 그래도 경기가 안 좋은데 정부가 물가를 안정시키려고 재정을 긴축하면, 국민의 소득은 줄고 실업률은 상승한다. 그럼 경기 부양책은 어떤가? 이 또한 마찬가지다. 안 그래도 물가가 계속 상승 중인데 여기에 정부 지출을 늘린다? 이것은 마치 물가 상승(인플레이션)이라는 불난 집에 부채질을 하는 것과 다름이 없는 것이다.

이러한 이유로 석유 파동이 발생했을 당시 정부 주도의 총수요관리정책은 큰 인기를 얻지 못했다. 왜냐하면 오히려 스태그플레이션과 같은 문제를 해결할 때는 총공급 확대를 통한 문제 해결 방안이 더 효과적일 수 있기 때문이다. 그럼 이는 무엇을 뜻하겠는가? 이는 한마디로 정부 주도 성장 전략에 한계가 있었다는 것을 의미한다.

이러한 논리를 토대로 당시의 경제학자들은 정부 실패라는 개념을 고안하게 됐다. 여기까지는 기존의 경제학 이론과 역사가 설명하는 정부 실패의 개념이다. 그러나 나는 좀 더 철학적으로 다가가 정부 실패의 본질이 우리에게 보내고자 하는 메시지가 무엇인지 알아보고자 한다. 자, 정부 실패라는 단어에서 우리가 주목해야 할 표현이 있다. 그것은 바로 '주도'다. 한번 잘 생각해보자. 우리는 언제 주도라는 단어를 쓸까? 주도는 A가 B에게 권한을 넘겨서 B가 문제를 해결할 수 있도록 허락하는 것을 전제조건으로 삼는다.

우리의 실생활에서도 이런 모습은 흔하게 볼 수 있다. 예를 들어 회식을 생각해보자. 업무 시간이 끝나면 누구나 집에 가고 싶어 한다. 그러나 회사에서는 간혹 회식을 해야 하는 상황도 생긴다. 이럴 때는 누가 회식을 주도하는지에 따라서 그 회식의 참석률이 달라진다. 내가 믿고 좋아하는 선배가 주도하는 회식이라면, 나 또한 그 회식에 참석하고 싶은 마음이 들기 때문이다.

그러나 흥미롭게도 주도라는 표현에는 수동적인 느낌도 담겨 있다. 왜일까? 예를 들어 A라는 사람이 B가 어떤 일을 주도하도록 허락하지 않더라도 B가 먼저 주도하겠다고 나서버리면, A는 갑자기 할 말이 없어지기 때문이다. 그렇다. 이것이 바로 선수 치지 못한 사람이 겪는 주도의 양면성이자 고초다.

웬만한 사회가 아니고서는 정부를 상대로 선수를 치는 현상을 쉽게 볼 수 없다. 그래서 대부분의 시민은 정부가 무언가를 주도한다고 해도 이에 대해 큰 목소리를 내지 못할 때가 더 많다. 주도의 양면성 때문이다. 간혹 정부 주도에는 이런 생각이 저변에 깔린 경향이 있다. "나 아니면 이 문제를 누가 해결하겠어?" 진짜 중요한 경제적 위기는 정부가 해결하는 것이 당연하다. 그러나 지나친 "나 아니면 안 돼"라는 마음가짐은 정부가 실패하는 원인 중 가장 핵심적인 원인을 제공한다고 생각한다.

예를 들어보겠다. A라는 지역에는 코로나로 사람들이 밖을 나가지 못하니 배달앱을 통해서 음식을 시켜 먹는 현상이 나타났다. 그리고 A 지역에서 활동 중인 B라는 기업은 배달앱 수요가 올라가니 배달비를 인상해버리는 결정을 내렸다. A 지역의 정부는 배달비 인상 문제를 해결하기 위해 정부 주도의 공공 배달앱을 개발했다. 취지 자체는 정말 훌륭하다. 그러나 한번 이렇게도 생각해보자. 배달앱을 꼭 지역 정부가 만들 필요가 있었을까?

이에 대한 평가는 분분할 수 있다. 그러나 B 같은 기업이 배달비를 인상해버릴 때 우리에게는 아주 쉽게 문제를 해결할 방법이 있다. 그것은 바로 사람들이 B 기업의 서비스를 이용하지 않고 C나 D 기업의 서비스를 이용하는 것이다.

B 기업의 서비스 이용률이 낮아지면 B 기업은 다시 배달비를 내리든, 쿠폰을 발급하든 할 것이다. 물론 만약에 B 기업이 아무런 대응을 하지 않으면, 그때는 A 지역의 정부가 어느 정도까지는 나설 수 있다고 본다. 그렇다. 어느 정도까지다. 왜? 시장의 문제를 해결할 수 있는 핵심 주체는 공급과 수요의 주체인 기업과 소비자라고 생각하기 때문이다.

"나 아니면 이 문제를 누가 해결하겠어?"라는 질문이 나올 가능성이 큰 또 다른 예시가 있다. 새로운 문제가 등장할 때다. 정부는 정책을 만들 때 상하 체계의 명령을 통해 움직인다.

예를 들어 요즘 '부'를 창출하는 새로운 매개체로서 스타트업Start-up이 인기가 많다. 스타트업이라는 새로운 '부'의 매개체가 탄생했으니, 정부는 당연히 이와 관련한 정책 수립에 관심을 둘 것이다.

나는 과거에 실제로 한 기관으로부터 자문 요청을 받아 몇 달간 스타트업계 사람들과 매일 같이 대화를 한 적이 있다. 당시 내가 받았던 요청은 스타트업계 관계자들의 이야기를 듣고, 정부가 어떤 정책을 수립할 수 있는지 자문해주는 것이었다. 그러나 아이러니하게도 내가 스타트업계 관계자들과 오랫동안 이야기하며 내린 결론은 오직 하나였다. 그것은 오히려 잠정적으로 그 어떤 정책도 만들지 않는 것이었다. 왜? 더 큰 도전을 하기 위해서는 정책적 개입보다 정부의 인내 그리고 신뢰가 더 필요하다는 생각이 들었기 때문이다.

나는 자문 기관에서 이 결론을 탐탁지 않아 할 것이라고 생각했다. 적어도 내가 아는 공무원은 해결책이 명확한 결론을 선호하는 경향이 크기 때문이다. 그럼에도 한번은 해당 결론이 담긴 보고서를 제출할 필요가 있다는 생각이 들었다. 바로 이런 내용으로 말이다. "현재 시점에서 정책 수립은 스타트업계의 잠재력 향상을 위해서라도 잠정 보류하는 것이 좋다고 봅니다. 시작도 해보기 전에 정책에 얽매이게 되면, 의미 있는 경제 활동을 전개하기가 힘들 것입니다. 대신에 혹시 모를 상황을 대비해서 관련 정책의 해외 입법 사례 자료는 보내드리도록 하겠습니다."

자문 결과 보고서를 제출하고 난 뒤 기관으로부터 연락을 받았다. "보내주신 내용은 잘 이해했습니다. 현 상황이 그렇다면, 저희 측도 보내주신 해외 입법 사례를 통해서 대안을 몇 가지 준비해두고 있겠습니다." 일이 이렇게 지혜롭게 풀리면 큰 문제가 없다. 기관은 언제든지 나중에라도 상황에 맞는 대안을 제시하면 되기 때문이다. 그러나 공적 분야에서 이렇게 일이 풀릴 확률은 대략 10분의 1에 불과하다. 왜 그럴까?

아까도 말했듯 정부는 상하 체계로 움직인다. 상부는 언제나 자세한 해결책이 담긴 보고서를 읽고 싶어 한다. 지금 당장 마땅한 해결책이 없음에도 말이다. 그러나 이것이 시사하는 메시지는 우리가 생각하는 것 이상의 의미를 담고 있다. 해결책이 없는데도 해결책을 만들기 위해서는 비효율적으로 업무를 수행할 수밖에 없고, 이러한 비효율성은 세금 낭비로 이어지기 때문이다. 그럼 세금 낭비는 무엇을 의미하겠는가? 이는 즉 '부'의 증발을 의미한다.

정부의 역할은 정말 중요하다. 그러나 정부가 모든 문제를 마치 타이거맘(Tiger Mom, 자녀의 모든 것을 엄격히 관리하는 엄마를 의미한다.)처럼 주도해서 해결할 필요는 없다. 정부는 그 규모에 맞게 민간이 감당할 수 없는 문제들에 좀 더 집중해주는 것이 맞는다고 본다. 그렇지 않고 정부가 모든 문제에 세세하게 개입하면, 이것은 세금 낭비이자 인력 낭비와 다를 바가 없다.

때때로 최고의 경제적 가치와 창작물은 신뢰에 기반한 자율성이 부여될 때 나온다. 그리고 그 가치는 다름 아닌 우리 국민이 만든다. 나는 대한민국 국민만큼 지혜롭고 가능성이 큰 국민을 본 적이 없다. 그러나 작금의 우리 국민은 오로지 개인의 '부'에만 모든 힘을 쏟고 있는 듯하다. 왜 그럴까? 국민이 정부와 정치에 너무 실망해서 각자도생의 길을 택했기 때문이다.

그런 의미에서 나는 당신에게 마지막으로 묻겠다. '부'를 원하는가? 그렇다면 당신은 자신의 '부'만 생각하는 것을 넘어서 국가의 '부'에도 관심을 가져야 한다. 결국 당신의 '부'는 우리나라 GDP의 일부이고, 정부는 그 GDP의 일부를 다시 국가에 재투자하여 대한민국이라는 나라를 운영하기 때문이다.

진정한 '부'를 얻고자 한다면 당신은 아이러니하게도 그 누구보다 정치와 권력에 관심을 가져야 한다. 결국 정치는 '권력'을 통해 '부'뿐만이 아니라 사람과 사람 간에 발생할 수 있는 모든 문제를 해결하는 데에 주안점을 두기 때문이다.

나는 정부 실패의 가장 큰 원인으로 정부 주도의 전략을 언급했다. 그러나 우리 한번 솔직해져 보자. 정부 실패를 잠재적으로 이끄는 데에는 당신과 나, 그리고 우리도 한몫했다. 간단한 이유다. 정치를 향한 우리의 무관심 때문에 정부가 방향을 잃었기 때문이다. 그리고 정치에 무관심했던 우리는 권력욕만 가득한 욕심쟁이들이 국가의 정치를 주도할 수 있도록 방관했기 때문이다.

이렇게 권력욕만 가득한 욕심쟁이들이 국가 운영을 주도하도록 방관할 때 국민은 최고의 리더를 뽑는 게 아니라 차악The Second Worst의 리더를 뽑게 된다. 우리는 이제부터라도 최고의 선택지를 만들어내야 한다. 그리고 최고를 알아보려면, 우리는 '권력'이 무엇인지부터 이해해야 한다. '권력'은 사회 문제 해결의 시작과 끝이기 때문이다.

그런 의미에서 나는 Part 2인 '권력을 만드는 핵심 개념과 본질'에서 '권력'을 이루는 핵심 개념들이 당신을 어떤 사람으로 바꿀 수 있는지 소개하도록 하겠다.

PART 2

권력을 만드는 핵심 개념과 본질

POWER

PART 2
권력(Power)을 만드는 핵심 개념과 본질

'권력'이라는 개념을 이루는 데는 아주 많은 요소들이 있지만, '권력'의 핵심을 이해하는 데는 총 10가지 핵심 개념들이 필요하다.

'권력'을 이루는 10가지 핵심 개념은 다음과 같다. 1) 권력, 2) 정치, 3) 헌법, 4) 기본권, 5) 평등권, 6) 정의, 7) 규범, 8) 권력 분립(삼권 분립), 9) 정치참여, 10) 국제평화주의.

나는 Part 2에서 '권력'을 이루는 10가지 핵심 개념의 본질을 재해석함으로써 '권력'이 당신에게 어떤 삶의 통찰적 메시지를 보내고 싶은지 말하려 한다. '권력'은 사람과 사람 간의 관계에서 발생할 수 있는 문제를 해결하는 가장 기초적 도구이자 수단이다. 그러므로 '권력'의 주체는 비단 정치인뿐 아니라 남녀노소 할 것 없이 모든 사람이 될 수 있다. 그럼 지금부터 '권력'의 핵심 개념과 본질을 탐구해보도록 하자.

1. 권력

권력의 핵심은 상대가 나를 따를 수밖에 없도록 유도하는 것이다.

내가 현실 세계에서 경험한 '권력'의 의미는 다음과 같다. '권력'은 힘이다. 그리고 그 힘은 사회의 곳곳에서 일어나는 문제를 해결하는 데에 꼭 필요한 도구 중 하나다. 교과서는 내가 생각하는 '권력'의 의미보다 조금 더 행위의 측면을 강조하는 경향이 있어 보인다. 교과서에서 설명하는 '권력'을 좀 더 이해하기 쉽게 풀이해보도록 하겠다. '권력'이란 정치적 쟁점을 해결하기 위해 상대가 나를 따르도록 영향력을 행사하는 것을 의미한다. 현실적으로 맞는 말이다. 실제로 힘없는 자는 힘 있는 자가 만들어 놓은 질서에 따라서 살아야 할 때가 많기 때문이다.

생각의 힘과 지적 호기심을 돋우기 위해 이것을 좀 더 확장된 세계의 차원에서 설명해보도록 하겠다. 질서를 따르는 것. 이것이 바로 국제 정치학에서 의미하는 힘Power의 원리다. 힘의 정치에서는 누가 세계질서The World Order를 정리하는지에 따라서 권력의 순서가 정해진다. 그렇기에 패권(覇權) Hegemony이라는 단어는 누가 진정한 힘(權)의 우두머리(覇)인지를 가려내는 데에 주안점을 둔다. 패권을 쥐어야 질서를 만들 수 있기 때문이다.

이와 비슷한 논리를 뒷받침해주는 어느 정치학자의 주장이 있다. 한 교과서는 그의 주장을 이렇게 뒷받침한다. "라스웰(본명은 해롤드 드와이트 라스웰(Harold Dwight Lasswell)로서 그는 행태주의 정치학 발전에 이바지한 미국의 정치학자다.)은 의사결정을 할 때 다른 사람을 지배하는 힘을 권력으로 보고 있다."[3] 그러나 나는 교과서가 설명하는 '권력'이라는 기존의 의미를 벗어나, 그 의미가 전하는 본질적 메시지가 무엇인지 파헤쳐보도록 하겠다. 나는 '권력'이 갖는 특징 중 하나로서 다음의 사항을 집중적으로 강조하고 싶다. 그것은 바로 수단이다.

권력에도 품격이 있다. 품격있는 권력은 외유내강형으로 강강약약(強強弱弱)의 모습을 보인다. 이는 말 그대로 강한 자에게는 강하고 약한 자에게는 약하다는 의미를 지닌다. 그러나 이와는 반대로 품격 없는 권력도 있다. 그것이 바로 강약약강(強弱弱強)이다. 이는 한마디로 강한 자에게는 약하고 약한 자에게는 강하다는 것을 의미한다.

정말이지 강약약강만큼 옹졸한 것이 없다. 그러나 희소성의 원칙에서도 살펴봤듯이 품격있는 일류는 원래 세상에 몇 안 된다. 그러므로 우리는 살아가면서 강강약약보다 강약약강을 더 많이 목격하게 되는 것이다.

강강약약처럼 진정으로 참된 '권력'은 대체로 자신보다 약한 자는 지배하려고 하지 않는다. 진정으로 참된 '권력'은 오히려 상대가 나의 뜻을 받아들일 수 있도록 최선을 다해 설득하기 때문이다. 이는 마치 사랑하는 사람을 지배하지 않고 온전히 사랑으로 대하는 것과 일맥상통한다고 보면 된다. 그래서 참된 '권력'은 누군가를 지배하기보다 마음을 열고 의견을 따를 수 있도록 유도하는 데에 초점을 둔다. 그리고 그렇게 유도함으로써 강자와 약자는 서로 협력관계를 맺거나 동맹을 맺기도 한다. 상부상조야말로 참된 '권력'을 누릴 수 있는 가장 지혜로운 전략이기 때문이다.

욕심 가득한 권력은 마음을 열려고 유도하기보다 그 마음을 지배하려 한다

그럼에도 불구하고 많은 이들은 여전히 '권력'을 논하는 과정에서 강약약강이 추구하는 지배 원칙에 대해 논하는 경향이 있다. 어떤 이가 '권력'을 추구하는 과정에서 유도보다 지배라는 개념을 먼저 생각하는 이유는 하나다. 지배라는 개념은 자신이 '권력'을 영원히 소유할 수 있다는 착각에서 비롯되기 때문이다.

개인적인 생각이지만 '권력'을 영원히 소유할 수 있다는 생각은 대단히 큰 착각이라고 본다. '권력'은 철저히 누군가로부터 잠깐만 빌리는 힘일 뿐이지, 한 사람의 영원한 소유물이 될 수 없기 때문이다. 이것은 투표를 보장하는 민주주의 사회뿐 아니라 독재정권에서도 적용할 수 있는 논리다. 아무리 세습정치를 한다고 하더라도 권력의 물줄기는 언젠가 바뀌게 되어 있다.

어디 세습정치뿐이겠는가? 권력이 영원한 소유물이 될 수 있는 것이라면, 우리는 왜 그동안 고구려, 백제, 신라, 발해, 고려, 조선과 같은 새로운 역사들을 썼겠는가? 세계 정치도 마찬가지다. 과거에는 스페인, 영국이 패권을 잡았다. 그러나 지금은 어떤가? 미국이 패권을 잡았다. 물줄기의 흐름이 바뀌면 만조였던 바다도 간조가 되고, 간조였던 바다도 만조가 될 수 있는 것이다. 그렇기에 권력은 끊임없이 변하는 것이다.

그렇다면 '권력'은 누구로부터 빌릴 수 있는 것인가? 나는 사실 이 부분을 나의 또 다른 책인 《당신의 역사가 역사를 만날 때》의 제4장에서 아주 자세한 사례를 통해 설명했다. 그러나 이 책에서는 더욱 넓은 독자층을 위해 좀 더 쉬운 예시를 써서 '권력'은 누구로부터 빌리는 것인지 설명해보도록 하겠다.

우선 인간의 삶과 관련한 모든 것은 대체로 농사를 생각해보면 쉽게 그 답을 찾을 수 있다. 그런 의미에서 농사를 한번 '권력'에 대입해보겠다. 대한민국 헌법 제1조 제2항을 보면 "대한민국의 주권은 국민에게 있고, 모든 권력은 국민으로부터 나온다"라고 쓰여 있다.[4] 대한민국을 하나의 밭이라고 생각해보자. 그럼 그 밭의 주인은 국민이다. 밭의 주인인 국민은 이 밭을 잘 가꿀 수 있는 농부가 필요하다. 그래서 국민에게 있어서 농부는 정치인과 비슷하다.

농부의 역할은 밭을 잘 가꾸는 것이다. 그런데 농부가 밭을 잘 가꾸기 위해서는 우선 쟁기가 필요하다. 농부는 가진 것이 없다. 그래서 마음 넓은 밭의 주인은 농부에게 자신의 쟁기를 빌려준다. 농부는 밭의 주인으로부터 쟁기를 빌려서 열심히 농사를 짓는다. 그리고 농부는 농사를 다 마친 후에 이 쟁기를 다시 밭의 주인에게 돌려준다. 왜 그럴까? 농부는 밭을 갈기 위해 쟁기를 빌렸을 뿐, 이 쟁기는 농부의 영원한 소유물이 아니기 때문이다. 여기서 쟁기는 밭을 갈 수 있는 도구다. 그래서 쟁기는 문제를 해결할 수 있는 도구이자 수단인 '권력'이 된다.

이것이 시사하는 바가 있다. 정치인이나 권력자(리더)는 쟁기를 밭의 주인인 국민으로부터 잠시만 빌리는 농부일 뿐, 그 이상 그 이하도 아니라는 것이다. 그러나 농사를 오래 짓다 보면 농부는 쟁기가 자신의 영원한 소유물이라는 착각을 하게 된다. 이때 농부는 쟁기를 지배하고 싶다는 마음을 갖게 된다. 이것이 바로 '권력'에서 의미하는 지배다.

지배욕이 커지면 쟁기를 영원히 갖고 싶다는 마음이 들기 때문에, 자꾸 쟁기의 주인인 국민의 뜻을 거스르게 된다. 그리고 이렇게 이성을 잃은 농부는 수단과 방법을 가리지 않고서라도 쟁기를 지배하려는 마음을 품게 되는 것이다.

어디 그뿐이겠는가? 농부는 이제 밭의 주인이 빌려준 쟁기도 모자라 다른 농부의 쟁기도 탐하게 된다. 왜? 다른 농부의 쟁기가 더 좋아 보인다는 생각이 들면, 욕심 가득한 농부는 동료의 쟁기를 훔쳐서라도 그것을 자신의 소유물로 만들고 싶기 때문이다. 이것이 바로 지배욕이 가진 전염력이다. 그러나 지배욕이 가득한 농부는 종국에 파멸의 길에 들어설 수밖에 없다. 어차피 밭의 주인인 국민은 농부보다 높은 위치에 있기 때문이다. 이는 즉 농부보다 위에 있는 국민이 또 다른 농부를 데려와서 새로운 쟁기를 빌려주면 된다는 의미와 같다.

현실 세계에서 이 예시를 가장 적나라하게 보여줬던 나라가 있다. 과거의 남아프리카공화국(남아공)이다. 남아공의 넬슨 만델

라가 1994년에 대통령으로 선출되기 전까지 남아공은 백인이 지배하는 사회였다고 봐도 과언이 아니다. 그리고 남아공을 백인의 세상으로 만듦으로써 '권력'을 자신의 영원한 소유물로 삼고 싶던 사람이 있다. 헨드릭 페르부르트Hendrik Verwoerd 전 총리다.

페르부르트 전 총리는 지배욕이 대단한 사람이었다. 그런 그에게 있어서 백인은 강자였던 반면 흑인은 약자였다. 그는 철저한 강약약강의 모습을 보였다. 그는 기득권이었던 백인의 투표를 받아 자신의 '권력'을 유지하고 싶었기 때문이다. 이를 위해 그는 백인만을 위한 '권력'을 행사하였고, 백인과 흑인을 차별대우하는 아파르트헤이트Apartheid 정책을 만들기도 했다.

이 과정에서 그는 오직 백인의 쟁기만 빌렸고 백인의 밭만 가꿨다. 그러나 아무리 열심히 백인의 밭을 가꿨음에도 불구하고 결국 그 밭은 생명을 잃게 됐다. 왜 그럴까? 밭은 하나로 이어져 있어서 어느 한쪽이 죽으면 나머지 한쪽도 죽기 때문이다.

이것이 주는 교훈은 무엇일까? 그것은 바로 참된 '권력'을 쥐고자 하는 리더는 모든 이의 밭을 열심히 가꿔야 한다는 것이다. 백날 한쪽 밭만 가꾸면서 어떻게 나머지 밭도 똑같이 생명력 넘치길 바라는가? 모든 밭이 좋은 열매를 맺길 바란다면, 농부는 그에 합당한 노력을 먼저 다해야 한다.

좋은 씨를 뿌려서 좋은 열매가 나오도록 유도하는 것. 그것이 바로 '권력'의 본질이다. 그러나 페르부르트 전 총리처럼 지배욕이 강한 사람은 뿌린 대로 거두는 '권력'의 본질을 이해할 수 없다. 그에게는 '권력'이 그저 자신의 자리를 지켜주는 하나의 방패로만 보이기 때문이다.

뿌린 대로 거두는 권력 농사

나라는 존재를 농부라고 가정해봤을 때 상대가 나를 따르도록 영향력을 행사하고 싶다면, 나는 상대로부터 빌린 쟁기를 최대한 선하게 쓰고 돌려줘야 한다. 그럼 상대는 나라는 농부가 밭을 잘 갈았는지, 아닌지를 판단한 뒤 또다시 나에게 쟁기를 빌려줄지, 말지를 고민하면 된다.

상대가 판단했을 때 나처럼 일 잘하는 농부가 없다는 생각이 들면, 나는 또다시 상대로부터 쟁기를 빌리면 된다. 그때는 감사한 마음을 갖고 그 누구보다도 열심히 밭을 갈면 된다. 그것이 쟁기를 든 농부가 해야 하는 일이다.

그러니 잊지 말자. '권력'은 밭의 주인인 국민으로부터 빌리는 것이지, 농부의 영원한 소유물이 아니라는 것을 말이다. 그리고 기억하자. 나를 따르도록 유도하기 위해서는 그에 맞는 씨를 뿌리고 거둬야 한다는 것을 말이다.

2. 정치

정치의 핵심은 다스림이다. 정치는 다스림을
통한 문제 해결 그 자체이기도 하다.

권력의 전제조건은 나부터 바르게 다스리는 것이다

궁극적으로 정치인이 필요한 이유

'권력'은 한마디로 힘을 행사하는 도구다. 그리고 이 도구를 가장 활발히 써야 하는 분야가 있다. 정치다. 전 세계 역사상 절대로 없어지지 않을 직업이 있다. 정치인이다. 생각해보면 그렇다. 인류는 아주 먼 옛날부터 정치인의 존재를 중요시해 왔고 한 사회의 미래는 어떤 정치인을 두는지에 따라서 달라졌다.

그래서 전 인류가 이때까지 자신의 사회 발전을 위해 정치인을 뽑았던 이유는 하나다. 사람과 사람 간에 나타나는 문제를 해결하기 위해서는 이것을 조정해주는 사람이 필요하기 때문이다. 그렇다. 정치의 핵심은 사람과 사람 사이에 나타날 수 있는 문제를 해결하는 것이다. 그러나 요즘 사회의 정치인들은 문제를 해결한다고 표현하기보다 이런 표현을 자주 쓰곤 한다. "나라와 국민을 잘 다스리겠습니다."

무엇을 바르게 다스려야 하는가?

정치는 '정사 정(政)'과 '다스릴 치(治)'로 탄생한 단어다. 그러나 우리는 한번 생각해봐야 한다. "과연 무엇을 바르게 다스려야 한다는 말인가?" 과거의 왕정 시대에서는 국가와 국민을 다스린다는 표현을 쓰는 게 이상하지 않았다. 왕정 시대에서는 왕을 하나의 신처럼 모셨기 때문이다. 그러나 현대 사회에서의 정치는 어떤가? 민주주의 국가에서는 투표를 통해 정치인을 선출한다. 이는 즉 정치인도 우리와 똑같은 시민이라는 것이다. 굳이 정치인과 일반 시민을 구분하자면 정치인은 사람과 사람 간의 문제를 해결해야 하는 책임이 더 크다는 것이다. 그러니 국민이 그들에게 법을 만들 권리를 허락한 것이 아니겠는가?

이런 이유로 정치를 하는 사람이 국민을 상대로 다스린다는 표현을 쓰는 것은 이치에 맞지 않다고 본다. 그렇다면 정치는 무엇을 바르게 다스려야 한다는 말인가? 나는 이 질문에 대해 이런 철학적인 답을 내리고 싶다. 정치가 다스려야 할 것은 우리 자신 그 자체라는 것을 말이다. 그리고 정치라는 구조 안에서 자기 자신을 다스리기 위해서는 그 무엇보다 사람, 이해관계, 그리고 통합의 본질을 알아야 한다는 것을 말이다.

정치를 이루는 첫 번째 요소 : 사람

교과서도 사람, 이해관계, 그리고 통합의 본질을 강조한다. 정치는 결국 사람, 이해관계, 그리고 통합이 서로 선순환의 구조를 형성할 때 효과적으로 운영되기 때문이다. 그럼 우선 사람의 측면부터 살펴보도록 하자. 여러 번 말하지만, 정치는 사람과 사람 간의 문제를 해결하는 데에 주안점을 둔다. 그럼 정치의 첫 번째 요소인 사람은 주로 어떤 때에 정치적 문제가 발생한다고 느낄까? 일반화시킬 수는 없지만 대체로 사람은 자신이 말하고자 하는 것과 타인이 말하고자 하는 것에 차이를 느끼면, 본인과 상대방 간에 보이지 않는 벽이 생긴다고 느낀다. 이는 즉 서로 간의 의견 차이가 마음의 벽을 세운다는 것을 의미한다.

사실 이것은 생각의 차이에서 비롯되는 문제일 뿐 옳고 그름의 문제는 아니다. 그러나 인간은 대체로 자신의 생각을 가장 우선시하는 경향이 크다. 이것은 인간 본연이 갖고 태어난 에고이즘Egoism에 기인한다고 보면 된다. 그래서 나와 상대의 의견 차이가 너무 크면, 나의 입장에서는 상대의 의견이 틀려 보이는 것이다. 내 의견이 정답이 아니어도 말이다.

정치를 이루는 두 번째 요소 : 이해관계

우리는 누군가의 의견이 다른 게 아니라 틀렸다고 느낄 때 사람 간의 이해관계를 살펴보게 된다. 나는 이해관계를 살필 때 온도, 크기, 그리고 깊이를 중요하게 여긴다. 이유가 있다. 적어도 내가 경험한 국내 정치와 국제 정치는 철저히 사람과 사람 혹은 국가와 국가 간의 이해 방식이 얼마나 같고 다른지에 따라 그에 맞는 이해관계를 형성하는 모습을 보였기 때문이다.

이해관계가 어떤지를 확인하는 방법이 있다. 이해의 온도, 크기, 깊이를 파악할 수 있는 특정 주제에 대해 논해보는 것이다. 만약에 나와 상대가 비슷한 이해의 온도, 크기, 깊이를 공유한다는 판단이 선다면, 우리는 긍정적인 이해관계를 형성할 수 있다. 그리고 이렇게 긍정적인 이해관계를 형성하게 되면, 나와 상대는 협력자가 되어 우리가 원하는 방식으로 정치적인 문제를 해결할 수도 있다. 예를 들면 정책 제언 같은 것을 통해서 말이다. 그러나 이해의 온도, 크기, 그리고 깊이가 다르다는 판단이 설 때는 문제가 발생할 수 있다. 의견 충돌로 대립이 생기기 때문이다.

이렇게 의견 충돌이 생길 때 문제를 해결하는 가장 쉬운 방법이 있다. 다름 아닌 자기 수련과 다스림이다. 그렇다면 대립관계가 형성할 때 우리는 왜 다스림을 생각해봐야 하는가? 그것은 바로 모든 문제의 시작은 나로부터 시작하고, 그 끝도 나로 인해 끝나기 때문이다.

"나는 누구인가?"라는 질문에 답을 해야 한다고 가정해보자. 이 질문에 답하기 위해서는 그 무엇보다도 자기 자신에 대한 이해가 깊어야 한다. 나도 나를 모르는데 누가 나를 안다는 말인가? 그리고 내가 뭘 추구하는지도 모르는데 무슨 이해관계를 형성한다는 말인가? 설마 타인에게 자신의 답을 바라는가? 그렇다면 그것은 책임감 있는 다스림이라고 보기가 어렵다.

이 질문에 대해 "나도 나를 잘 모릅니다"라는 답이 나온다면, 그때는 자기 자신과 먼저 친분을 쌓아야 한다. 자기 자신이 누구인지도 몰라서 자신조차 다스릴 수 없는 사람은 그 어떤 것도 다스리지 못하기 때문이다. 그래서 올바른 정치를 하려는 사람은 타인과 이해관계를 구축하기 전에 자기 자신에게 다음의 질문부터 해야 한다. "나는 누구인가?"

정치를 이루는 세 번째 요소 : 통합

놀라운 것은 아무리 사회적 지위가 높은 사람일지라도 자기 자신에 대해 아는 사람은 생각보다 별로 없다는 것이다. 그런데 한번 이런 생각을 해보자. 자기 자신을 잘 모르는 사람이 한 조직의 리더라면 어떨까? 나는 이런 사람들이 리더로 있는 조직의 미래는 밝지 않다고 본다. 왜? 이들의 리더십에 대해 Good(좋다) 혹은 Not Bad(나쁘지 않다)의 평가까지는 줄 수 있지만, Excellent(훌륭하다) 혹은 Great(엄청나다) 같은 평가는 주기가 어렵기 때문이다.

통합의 본질을 살펴보는 가운데 리더십까지도 평가해야 하는지 의문이 들 수도 있다. 그러나 나는 이렇게 생각한다. 통합이 추구하는 최종적 목표는 리더십이라는 것을 말이다. 그러므로 나는 이 부분에서 리더십에 대해 계속 언급하려고 한다.

내가 본 리더십에는 두 종류가 있다. 리더 후보인 실무진 그리고 실제 리더인 임원진이다. 실무진과 임원진에는 차이가 있다. 실무진은 일만 잘하면 되지만, 임원진은 일도 잘하면서 미래를 만드는 비전Vision도 필요하다.

사실 비전만큼 단번에 여러 사람을 모으는 힘이 없다. 비전은 한 사람의 신념 그리고 확신으로 탄생하는 가치관이기 때문이다. 그런데 사람을 모을 때는 주의해야 하는 것이 있다. 비전은 사람을 모으는 힘이 대단히 크기 때문에 비전을 선포할 때는 최대한 다양한 목소리를 담아내야 한다는 것이다. 왜? 그래야만 궁극적으로 통합을 이룰 수 있기 때문이다.

예를 들어보자. 편향적인 비전은 편향된 시점을 가진 사람들만 모을 수 있다. 그러나 편향된 시점을 가진 사람들에게 통합은 오로지 비슷한 것끼리의 모임에 불과하다. 이 논리를 쉽게 이해하고 싶다면 이런 표현을 생각해보면 된다. 우리만의 리그, 끼리끼리의 법칙, 그리고 유유상종.

끼리끼리의 법칙은 진정한 통합이 될 수 없다. 이는 통합이 아니라 한쪽으로만 쏠리는 편중의 현상을 초래하기 때문이다. 그러나 사회는 간혹 끼리끼리의 법칙을 통합으로 포장할 때가 있다. 사람이 모이는 수가 커지면 커질수록 인간은 수적으로 우세한 것을 통합으로 보는 경향이 있기 때문이다. 군중심리와 다수결이 대표적인 예다.

다시 한번 말하지만, 이것은 어디까지나 편중이 될 뿐 통합의 길로 나아가지는 못한다. 따라서 진정한 통합을 추구하고자 한다면 우리는 애초부터 각 사람은 다른 생각을 가질 수밖에 없다는 것을 인정해야 한다. 서로의 의견을 다양하게 받아들이고 그 다양성을 토대로 공동의 이익을 추구할 때 우리는 통합의 아름다움을 경험할 수 있기 때문이다.

정치의 세 가지 요소를 통해 더 나은 국가를 만들고자 했던 사람이 있다. 스웨덴의 타게 에를란데르Tage Erlander 전 총리다. 사실 에를란데르 전 총리는 원래부터 인기 있는 총리는 아니었다. 다소 잔잔한 분위기를 선호했던 스웨덴 사람들은 다혈질적인 에를란데르 전 총리를 부담스러워했기 때문이다.

어디 그뿐이겠는가? 정치적인 이유도 있었다. 사실 에를란데르 전 총리는 사회민주노동자당 출신으로서 진보주의적 성격이 강했다. 1940년대 후반의 스웨덴은 대한민국처럼 수출주도형 경제 발전을 도모함으로써 대기업은 큰 혜택을 누리고 있었다. 이에 반해 노동자들은 불만이 많았다. 점점 스웨덴 사회 내에서 빈부격차가 심화했기 때문이다.

수출주도형 경제구조에서 진보주의 정치인이 나라를 이끈다는 것은 무엇을 뜻하겠는가? 보수적 색이 짙었던 재계와 기득권은 에를란데르 전 총리를 극도로 기피했다는 것을 뜻한다. 그러나 에를란데르는 스웨덴의 경제, 복지를 모두 살피기 위해 취임 후 이런 반응을 보였다. "맞아. 기업은 그 누구보다 경제에 대해 잘 알고 있을 거야. 그럼 그들의 이야기를 듣고 문제를 해결하면 되잖아?"

에를란데르가 가지고 있던 아이디어는 바로 이것이었다. 정부, 재계, 그리고 노조가 서로 이야기할 수 있는 자리를 마련하는 것이었다. 그렇다면 그는 왜 정부, 재계, 노조 간의 삼자대면을 추진하려고 했을까? 그는 서로 간의 다스림을 통해 협력의 가능성을 열어두고 싶었기 때문이다. 에를란데르의 뜻으로 탄생한 소통의 장이 바로 그 유명한 '목요 클럽Thursday Club'이다. 원래 목요 클럽은 따로 공식 명칭이 있는데 그것은 바로 〈수출과 생산 증대를 위한 협력기구〉다.

모임의 이름만 듣더라도 이들이 무엇을 추구하고자 했는지 알 수 있다. 우선 수출이라는 단어를 보면 에를란데르가 재계의 의견을 반영하고자 했던 것을 알 수 있다. 왜냐하면 기업은 곧 해외에 물건을 수출하는 경제적 주체가 되기 때문이다. 그러나 이와는 반대로 에를란데르는 생산이라는 단어를 통해 노조의 의견을 반영하고자 했다. 노동자는 생산활동에 참여함으로써 스웨덴의 내수 경제에 이바지하기 때문이다.

이 모임에는 몇 가지 규칙이 있었는데 이는 다음과 같다. 경청하기와 설득하지 않기. 에를란데르가 이 규칙들을 강조했던 데에는 이유가 있다. 서로의 깊은 뜻을 이해하기 위해서는 말을 끊지 않는 경청이 필요했기 때문이다. 그런데 설득하지 않기의 힘은 더욱 놀라웠다. 타인을 설득하지 않고 상대가 나의 말에 자발적으로 동의하기 위해서는 다음의 사항이 충족돼야 했기 때문이다. 그것은 다름 아닌 다스림을 통한 자아실현이다.

생각해보라. 내가 누군지를 그 누구보다 잘 알면, 상대는 심리적으로 나의 신념과 확신을 보고 호감을 느낀다. 정치는 하나의 공연Show과 같다. 그럼 이러한 공연에서 호감 가는 매력은 득이 되지 않겠는가? 인간은 호감이 가는 주체에게 협력의 의사를 표시한다. 그리고 이러한 상호적 호감 교류를 통해 협력을 이룬 사람들이 있다. 그들이 바로 목요 클럽의 참여자들이었다.

나부터 바르게 다스리는 것이 문제 해결의 근본이다

이 사례를 통해 당신은 무엇을 배웠는가? 다스림과 정치 둘 다 별것 아닌 것처럼 보일 수 있다. 그러나 놀라운 것은 이렇게 별것 아닌 것처럼 보이는 요소가 세상을 바꾸는 원동력이 된다.

에를란데르 덕분에 목요 클럽은 대단한 성과를 낼 수 있었다. 그리고 그 덕분에 스웨덴은 세계적인 혁신경제이자 복지국가라는 타이틀을 모두 거머쥘 수 있게 됐다. 그래서 나는 이러한 사례를 보며 다음의 생각을 해본다. 나부터 잘 다스린다면, 우리도 세상을 바꿔볼 수 있지 않을까?

모든 것은 나로부터 시작한다. 그런 점에서 '권력'을 얻고자 하는 사람은 자기 자신부터 바르게 다스릴 줄 알아야 한다. 자신을 다스려야만 많은 사람의 목소리를 들을 수 있다. 그리고 다양한 목소리를 경청함으로써, 우리는 사람과 사람 간의 문제를 해결하는 멋진 리더가 될 수 있다.

3. 헌법

헌법의 핵심은 통치 원리다. 헌법은 국민의 기본적 권리를 수호하는 그 시작과 끝이다.

권력자는 권리보다 의무를 생각해야 한다

한 사회의 질서를 유지하기 위해 존재하는 최고의 기본법

나는 법학과 출신도 아니고 법조인도 아니다. 그러나 나는 학부 시절 헌법 수업을 계단에 앉아서 들을 정도로 좋아했다. 내가 헌법학을 좋아했던 이유는 단순하다. 그냥 나라는 주체가 대한민국에서 어떤 권리를 누리며 살 수 있는지 알아가는 것 자체가 즐거웠기 때문이다. 사실 솔직하게 말하자면, 나는 헌법을 가르치는 교수님께서 수업 첫날에 학생들에게 물어보셨던 이 질문을 더 좋아했던 것 같다. "여러분, 대한민국 헌법 제1

조가 어떻게 시작하는지 아나요?"

내가 대학을 다닐 때만 하더라도 법 수업을 듣는 친구들은 대부분 로스쿨 입학을 준비하고 있는 친구들이었다. 그래서 아무 기초 지식도 없이 수업을 듣던 나와는 달리, 함께 수업을 듣는 친구들은 이미 헌법 조항을 달달 외우고 있을 정도였다.

그런데 어느 날은 수업 중에 교수님께서 이런 질문을 하셨다. "우리 학생은 청강생이죠? 전공이 국제학이던데 국제학을 공부하는 친구니까 한번 물어볼게요. 틀려도 괜찮으니까 그냥 자유롭게 의견을 공유해주면 좋을 것 같아요. 헌법은 한 사회의 질서를 유지하기 위해 존재하는 최고의 기본법이에요. 학생이 한번 헌법을 쓰는 사람이라고 상상해보세요. 학생이 만약에 일본의 헌법을 쓴다면 어떻게 쓸 것 같나요? 만약에 일본이 어렵다면 미국의 사례를 들어봐도 좋을 것 같아요. 만약에 미국의 헌법을 쓴다면, 이 법을 어떻게 쓸 것 같나요?"

질서를 유지하려면 내가 최고로 생각하는
가치가 무엇인지 알아야 한다

굉장히 흥미로운 질문이었다. 우선 상상으로나마 헌법을 쓸 수 있는 기회가 주어졌기 때문이다. 그래서 나는 잠시 생각을 해 본 후 교수님과 학우들에게 이런 견해를 밝혔다.

"잘은 모르겠습니다. 그러나 제가 일본의 헌법을 쓴다면, 저는 우선 일본 사회의 질서를 유지하기 위해 일왕과 관련한 조항을 가장 먼저 넣을 것 같습니다. 일본은 입헌군주제니까 총리도 중요합니다. 그러나 일본은 아주 오래전부터 왕을 군주로 바라봤습니다. 일본 국민에게 있어서 일왕은 국가를 대표하는 존재라는 생각이 듭니다. 그런 의미에서 저라면 일왕의 의미를 헌법의 가장 첫 부분에 넣을 것 같습니다. 반면에 미국의 헌법을 쓴다면, 저는 자유와 관련한 조항을 가장 먼저 넣을 것 같습니다. 역사적으로 봤을 때 영국의 청교도는 종교의 자유를 찾기 위해 미국을 선택했습니다. 종교적 자유를 위해서라도 미국은 그 무엇보다 자유를 강조할 것 같습니다."

3초간의 정적이 흐른 뒤 나는 한순간에 헌법학 수업의 일약 스타가 됐다. 내가 말했던 내용이 실제로 사실이었다는 것을 교수님께서 말씀해주셨기 때문이다. 대한민국 헌법의 제1조는 "대한민국은 민주공화국이다"라는 말로 시작한다.[5] 이는 즉 대한민국은 민주주의를 토대로 사회의 질서를 유지한다는 것을 뜻한다. 그러나 일본은 이와는 반대로 제1장 제1조를 일왕으로 시작한다.[6] 일본은 국민 통합의 상징을 일왕으로 두어 일본 사회의 질서를 유지하겠다는 목표를 두기 때문이다.

미국의 헌법은 헌법의 전문에 이런 문장을 넣었다. "우리 합중국 국민은 (생략) 우리와 우리의 후손들을 위한 자유와 축복을 확보할 목적으로 이 미합중국 헌법을 제정한다."[7] 여기서 등장하는 자유와 축복이라는 단어는 종교적인 의미가 크다. 그래서 미국은 미국 국민이 누릴 수 있는 자유와 축복을 국가의 최고 가치로 두어 미국 사회의 질서를 유지하겠다는 목표를 추구한다.

최고로 생각하는 가치를 지키기 위해서는 의무도 필요하다

누군가는 '권력'을 이야기하는데 왜 자꾸 헌법에 대해 논하는지 물을 수 있다. 그러나 '권력'을 알기 위해서는 헌법이 추구하고자 하는 것이 무엇인지부터 파악해야 한다. 헌법은 한 국가가 생각하는 최고의 가치를 지키기 위해 국민에게 무엇을 강조하는지 알려주기 때문이다.

다시 한번 대한민국 헌법 제1조를 보겠다. 우리의 헌법은 "대한민국은 민주공화국이다"라는 문장으로 시작한다. 일반적으로 우리 모두는 민주주의라는 개념에 익숙하다. 그만큼 많이 들어봤기 때문이다. 민주주의는 말 그대로 국민이 국가의 주인이라는 것을 의미한다. 그래서 민주주의 사회에서는 개인의 자유와 권리를 강조하는 경향이 크다.

그러나 한번 잘 생각해보자. 사람이 너무 혼자서 자신만의 권리만 외치면 나머지 사람들은 어떻게 되겠는가? 이것을 보완하기 위해 존재하는 개념이 바로 공화Republic다. 공화는 국민에게 주권이 있음을 말한다. 이는 즉 공화는 공동의 화합을 통해 국가를 운영한다는 것을 의미한다. 그러므로 민주공화국에서는 국민이 공동의 화합을 위해 어떤 가치를 추구해야 하는지 고민하는 의무를 갖는다.

권력을 대하는 사람은 권리보다 의무를 생각해야 한다

많은 이들이 권리라는 단어에는 거부감을 느끼지 않는다. 자신이 무엇을 누릴 수 있는지 알려주는 것이 권리이기 때문이다. 그러나 의무에 대해서는 때때로 거부감을 드러내기도 한다. 의무는 선택권 자체가 부재하기 때문이다. 이 부분이 시사하는 바가 있다. '권력'을 대하는 사람은 자신의 책임을 다하기 위해서라도 본인의 권리보다 의무를 생각해야 한다는 것이다.

권력자가 자신이 해야 할 일을 생각하기에 앞서서 무엇을 누릴 수 있는지 생각한다면, 권력자의 '권력'은 부패할 가능성이 크다. 그럼 우리의 헌법 제1조가 권력자에게 전하고자 하는 메시지는 무엇인가? 헌법이 전하고자 하는 메시지는 다음과 같다. 국민의 권리와 공동의 이익을 위해 할 일을 의무적으로 하라는 것이다. 여기서 더 흥미로운 점이 있다. 혹시라도 권력자가 헌법 제1조 제1항을 보고도 헌법의 교훈을 이해하지 못할까 봐 헌법은 아주 친절하게 제1조 제2항을 통해서 이런 메시지도 전한다는 것이다. "모든 권력은 국민으로부터 나온다."

헌법 제1조를 보고도 의무보다 권리라는 단어에 시선이 갈 때는 헌법의 어원을 살펴보는 걸 추천한다. 어원은 정말 대단하다. 한자로 헌법의 '헌'은 憲인데 이 한자는 해로울 '해(害)'와 눈 '목(目)'의 변형자인 그물 '망(罒)' 그리고 마음 '심(心)'이 합쳐져 탄생했다. 그렇다면 이는 무슨 뜻이겠는가? 조금의 재미와 과장을 섞어서 해석하자면, 이는 즉 눈 부릅뜨고 마음 굳게 먹어서 사람들에게 해가 되는 것은 싹 다 모조리 잡으라는 것이다. 왜? 그래야만 헌법이 참된 통치의 원리가 되기 때문이다.

사람의 마음은 갈대와 같다. 그래서 누구나 처음에는 순수한 마음과 의도를 갖고 좋은 일을 하겠다고 다짐한다. 그러나 웬만한 초지일관의 결심이 아닌 이상, 세상의 유혹을 이겨낸다는 것은 그리 쉽지 않다. 그러나 쉽지 않다고 해서 불가능한 것은 아니다. 따라서 다른 사람은 몰라도 사람과 사람 간의 문제를 해결해야 하는 리더는 자신이 처음에 가졌던 마음을 지켜야 한다. 그런 점에서 헌법 제1조는 이 세상 모든 리더들에게 말한다. "힘은 잘 빌리셨나요? 자, 그럼 이제 할 일을 의무적으로 하셔야겠죠?"

4. 기본권

기본권의 핵심은 '감히'이다. '감히'라는 단어는 주로 언제 쓰이는가? '감히'는 무언가를 함부로 대하지 못할 때 쓰인다. 우리 모두는 존귀한 생명체다. 그래서 그 누구도 우리의 권리를 함부로 대할 수 없다.

나의 권리가 중요하듯 상대의 권리도 중요하고, 그 권리가 존재해야 권력도 존재한다

밭의 주인이 고민할 수 있는 선택권, 권리

나는 '권력'을 설명할 때 이렇게 말했다. '권력'은 밭의 주인인 국민으로부터 아주 잠시만 빌리는 쟁기라는 것을 말이다. 그럼 권리란 무엇인가? 전에도 말했듯이 인간의 삶과 관련한 문제는 농사를 생각해보면 쉽게 그 답을 찾을 수 있다. 따라서 이번에도 농사를 대입하여 권리가 무엇인지에 대해 설명해보도록 하겠다. 한번 이렇게 생각해보자. 대부분 어떤 사람들이 밭을 살 수 있는가? 어느 나라든지 대부분 힘 있고 돈 많은 사람들이 밭의 주인이 된다. 이유는 하나다. 밭은 비싸기 때문이다. 그래서 밭을 가진 사람은 권위가 있다고 보면 된다. 그만큼 위상이 있기 때문이다.

위상 있는 밭의 주인에게 권위가 있다면 이는 즉 국민에게도 권위가 있다는 것이다. 왜 그럴까? 민주주의 사회에서 나라의 주인은 곧 국민이기 때문이다. 예를 들어보자. 민주주의라는 농장에서 권위를 가진 밭의 주인은 자신의 밭을 가꿔줄 농부가 필요하다. 밭을 가는 데에 필요한 도구는 쟁기다. 쟁기는 농부가 쓰는 '권력'이다. 농부가 일을 제대로 하면 아무 문제가 없다. 그러나 농부가 일을 잘하지 못하면, 밭의 주인은 농부로부터 다시 그 쟁기를 회수하려 한다. 다른 농부에게 쟁기를 빌려주며 새로운 일감을 주기 위해서다. 이 과정에서 밭의 주인은 농부 A에게 일을 맡길지 아니면 B에게 맡길지 고민하게 된다. 이런 선택을 고민할 수 있는 것이 바로 권리다.

의무와 선택의 근본적인 차이, 자유

권리의 핵심은 선택할 수 있다는 것에 있다. 예를 들어 대한민국 옆에는 '모길비'라는 나라가 있고, 그 국가는 헌법에 이렇게 명시했다고 가정해보자. "밭의 주인은 농부 A에게 무조건 쟁기를 빌려주고 일감을 줘야 한다."

이 문장에서 가장 중요한 단어는 '무조건'이다. 무엇을 논하든지 무조건이라는 단어가 들어가면 그것은 선택권이 없다는 것을 의미한다. 무조건은 대체로 의무와 같은 맥락에서 쓰일 때가 많기 때문이다. 이처럼 어떤 것에 의무사항이 들어갈 경우, 사람은 자신이 무언가를 해도 되고 안 해도 되는 기본적인 선택권조차 누리지 못하게 된다. 왜? 자유가 없기 때문이다.

안타깝게도 자유의 부재는 발전 가능성의 부재를 의미하기도 한다. 과거를 잘 생각해보자. 혹시 1963년 미국 워싱턴 D.C. 링컨 기념관 앞에서 마틴 루터 킹 목사Martin Luther King Jr.가 수많은 사람들을 향해서 외쳤던 연설을 기억하는가? 마틴 루터 킹 목사는 이런 연설을 했다.

"나에게는 꿈이 있습니다. 조지아주의 붉은 언덕에서 언젠가는 노예의 후손들과 노예 주인의 후손들이 형제처럼 손을 맞잡고 나란히 앉게 되는 꿈입니다. I have a dream that one day on the red hills of Georgia, the sons of former slaves and the sons of former slave owners will be able to sit together at the table of brotherhood."[8)]

개인적으로 나는 이 연설에서 우리가 몇 가지 눈여겨봐야 할 단어가 있다고 생각한다. 그것은 꿈, 노예, 그리고 언젠가라는 단어다. 미국은 민주주의 국가다. 그럼에도 불구하고 과거의 미국 남부지역은 흑인과 백인을 철저히 분리하는 흑백 분리 제도를 시행했다.

그뿐만이 아니다. 아무리 제16대 미국 대통령이었던 에이브러햄 링컨Abraham Lincoln이 1863년에 노예해방 선언문을 발표했다고 하더라도, 흑인은 여전히 100여 년이 넘는 시간 동안 빈곤에 허덕이며 노예와 다름없는 삶을 살고 있었다. 그러니 연설을 했던 마틴 루터 킹 목사의 입장에서는 흑인이 자유를 누리며 인간으로서의 기본적 권리를 누리고 사는 것이 언젠가는 꼭 이루고 싶은 꿈이 아니었겠는가?

이렇게 자유가 보장된 민주주의 국가에서도 한 사람의 기본적 권리와 자유가 언젠가는 꼭 이루고 싶은 꿈이었던 적이 있다. 그럼 자유가 보장되지 않은 국가에서는 어떻겠는가? 이런 국가에서는 권리의 꽃인 자유보다 의무의 꽃인 복종이 만발하는 것이다. 일반화하기는 어렵지만, 개인의 자유를 보장해주지 않는 국가에서는 한 사람의 출신 배경이 그 사람의 '권력'의 크기를 정한다고 봐도 과언이 아니다. 이 말은 즉 아무리 당신이라는 사람에게 기본적인 권리가 있다고 하더라도 그 권리를 더 크게 주장할 수 있는 자유가 보장되지 않으면, 당신에게는 평생에 누릴 수 있는 힘의 크기가 제한되어 있다는 것이다. (그래서 자유의 부재는 발전 가능성의 부재와 같은 의미를 지니는 것이다.)

자유가 보장되지 않은 헌법은 듣기 좋은 말들로 법을 만들어도 국민 개개인의 권리보다 국가의 권리 혹은 몇몇 기득권의 권리를 보호해주는 경향이 크다. 이는 무엇을 의미하겠는가? 당신이 농부가 되고 싶더라도 국가와 기득권은 "감히 네가?"라는 말을 하며 쟁기조차 빌려주지 않는다는 것을 뜻한다. 빌리지도 못한다는 사실. 이 얼마나 잔인한 사실이라는 말인가?

권리가 존재해야 권력도 존재한다

이와 반대로 자유가 보장된 헌법에서는 당신이 얼마든지 더 많은 쟁기를 빌릴 수 있도록 허용한다. 물론 당신이 착하고 성실하게 농사를 짓는다는 전제하에서 말이다. 이것이 가능한 이유는 하나다. 권리는 헌법이 허락한 기본 선물이고, 그 선물은 이런 메시지를 전하기 때문이다. "너의 권리는 소중해. 그 누가 함부로 네 권리를 건드릴 수 있겠니?"

자유를 수호하는 헌법은 권리도 수호한다. 그러므로 권리가 보장되면 당신의 '권력'도 보장될 수밖에 없다. 당신한테 쟁기를 줄지 말지를 고민하는 권리가 있어야만, 당신에게 쟁기를 줄지 말지도 결정할 수 있기 때문이다.

서로 존중하고 도울 때 권력이 샘솟는다

기본권은 다음의 의미도 담고 있다. 그것은 기본권을 누리기 위해서는 나도 중요하지만, 상대도 중요하다는 의미다. '권력'은 별 게 아니다. 나와 상대를 생각하면 답이 나온다. 예를 한번 들어보자. 우리가 사는 세상은 여러 생명체가 함께 어울려서 사는 하나의 공동체다. 그래서 호랑이, 닭 같은 동물에게는 사회적 동물이라는 표현을 쓰지 않지만, 인간에게는 사회적 동물이라는 표현을 쓰는 것이다.

인간이 사회적 동물이 아니라 그냥 혼자서 살 수 있는 생명체라면, 인간은 굳이 기본권이나 의무와 같은 어려운 개념들을 몰라도 된다. 그냥 마음 가는 대로, 하고 싶은 대로 살면 되기 때문이다. 그러나 인간은 서로 상호존중 하면서 살아가야 하는 사회적 동물이다. 이는 즉 나의 권리가 중요하다면 상대의 권리도 중요하다는 것을 뜻한다.

이런 상호존중의 정신이 시사하는 바가 있다. 그것은 바로 상부상조다. 내가 소중하면 남도 소중한 것이다. 그래서 나의 기본권이 중요하면 상대의 기본권도 중요하기 때문에 인간은 서로가 존중하고 이해하면서 살아야 자신이 원하는 것을 얻을 수 있다.

나의 삶도 살아야 하지만 상대를 포함한 우리의 삶도 살아야 한다

'권력'은 절대 거저 주어지지 않는다. '권력'은 사람 간의 문제를 해결하는 핵심적인 도구이자 수단이다. 그러나 이러한 도구와 수단을 얻기 위해서는 가장 먼저 권리가 보장되어야 한다.

인간은 서로 간의 권리를 존중하고 상부상조할 때 더 큰 권력을 얻을 수밖에 없다. 혼자서 감당할 수 있는 권력의 크기가 100중에 10이라고 할 때 두 사람이 감당할 수 있는 크기는 20이고, 세 사람은 30이며, 네 사람은 40으로 느는 것처럼 말이다. 그런데 이렇게 권력을 감당하는 크기를 키우려면 우리는 한 가지 사실을 꼭 기억해야 한다. 그것은 바로 협력이다. 아까도 말했지만 혼자서 모든 것을 감당할 때는 딱 10 정도의 권력만 누릴 수 있다. 그러나 서로가 힘을 합쳐서 100을 얻으려면 우리는 더 많이 협력해야 한다.

그런 점에서 '권력'의 또 다른 본질은 존중과 협력이기도 하다. 서로 존중하지 않고 서로 돕지 않으면 권력이고 뭐고 다 필요 없다. 권력이 없으면 인간은 문제를 해결할 수 없다. 그래서 우리 모두는 나라는 주체적인 삶도 살아야 하지만, 상대를 포함한 우리의 삶도 살아야 한다. 우리라는 개념을 잊는 순간, 우리는 계속 나 혼자의 문제만 거론할 것이 뻔하기 때문이다.

5. 평등권

평등권의 핵심은 균등과 형평이다. 헌법 제11조 제1항은 말한다. "모든 국민은 법 앞에 평등하다. 누구든지 성별, 종교 또는 사회적 신분에 의하여 정치적, 경제적, 사회적, 문화적 생활의 모든 영역에 있어서 차별을 받지 아니한다."

권력자는 흐르는 물처럼 평등을 바라봐야 한다

의견 대립을 일으키는 가장 큰 원인 : 평등을 바라보는 다른 시선

사실 의견 대립이 일어나는 가장 큰 원인 중 하나는 평등을 바라보는 각자의 다른 시선이다. 그래서 이 세상을 살아가고 있는 사람들이 개인 대 개인 혹은 집단 대 집단으로 싸울 때 가장 많이 내뱉는 문장이 있다. "왜 너는 되고 나는 안 돼?" "쟤네랑 우리랑 뭐가 다른데요?"

이 발언들에는 한 가지 공통점이 있는데 그것은 바로 차이Difference다. 그런데 사람들은 각자 자신만의 기준이 따로 있어서 차이를 바라보는 시선도 가지각색이다. 누구는 이 정도만 해도 충분한데 누구는 적어도 저 정도는 해야 심리적 만족감을 느끼기 때문이다. 그래서 '권력'을 다루는 사람들이 가장 힘들어하는 부분이 바로 평등이다. 각자의 기준이 너무나도 달라서 도대체 어느 기준을 토대로 문제를 해결해야 하는지 고민이 들기 때문이다.

평등이란 무엇인가?

그렇다면 흔히 세상 사람들이 말하는 평등이란 무엇인가? 교과서는 헌법 제11조 제1항을 토대로 평등의 의미를 아주 잘 설명해주지만, 나는 이것을 좀 더 쉬우면서도 단번에 설명할 수 있는 영어 단어로 설명해보고자 한다. 그것은 바로 Equality(평등)와 Equity(평등)이다. 참 아이러니하다. 똑같은 평등이라는 단어지만 Equality와 Equity는 명백히 다르기 때문이다. 이렇게 뜻은 같은데 용도가 다를 때는 단어의 참된 뜻을 찾는 방법이 있다. 어원을 살펴보는 것이다.

우선 영어 단어 Equality는 평소에도 많이 들어봤을 것이라 예상한다. Equality가 들어가는 단어 중 가장 흔하게 봤던 단어는 이것일 것이다. 성평등. Gender Equality. Equality의 어원은 라틴어에 그 뿌리를 두는데 라틴어에서 equ는 '동일한' 그리고 '평평한'이라는 뜻을 가진다. 그런데 우리가 알아보려는 Equality와 Equity에는 둘 다 Equ가 들어가기 때문에 그 차이점을 알아보기가 쉽지 않다. 그럼 이 두 단어는 어떻게 다를까?

영어 단어 Equality는 나도 그렇고 상대도 그렇고 우리 모두를 차별 없이 대하고 싶을 때 쓰는 경향이 크다. 쉬운 이해를 도모하기 위해 쌀을 예시로 들어보자. A라는 동네에는 철수와 영희가 산다. 철수네 집은 돈이 많은 부자다. 그러나 영희네는 그렇지 못하다. 정부에서는 국민의 소득 수준과 상관없이 모든 가구에 쌀을 80kg씩 주기로 했다. 그래서 철수와 영희는 각각 정부로부터 80kg의 쌀을 받았다. 이것이 바로 Equality(균등)의 핵심이다. Equality의 핵심은 모두에게 균등한 기회를 제공하는 데에 초점을 둔다. 그래서 성평등을 표현할 때도 Gender Equality라는 말을 쓰는 것이지 Gender Equity라는 말은 쓰지 않는 것이다.

이에 반해 Equity는 다음의 사항에 주안점을 둔다. 그것은 나는 그런 대우를 받지 않아도 상대에게는 그런 대우를 해줌으로써 서로가 공평한 위치에 설 수 있도록 돕는 것이다. 이번에도 똑같이 쌀을 예로 들어보자. A라는 동네에는 철수와 영희가 산다. 아까도 말했지만 철수네 집은 부자다. 그러나 영희네 집은 정부의 보조금을 받는다. 정부에서는 국민의 소득 수준에 맞게 쌀을 주기로 했다. 이것이 바로 Equity(형평)의 핵심이다. Equity의 핵심은 각 사람의 상황을 살펴서 그에 맞는 형평한 대우를 한다는 데에 있다. 이렇게 상황을 살피지 않는 이상 어떤 이는 이미 쌀이 넘쳐나지만, 또 다른 이는 쌀이 필요한데도 더 받지 못하기 때문이다. 그래서 Equity를 쓸 때는 형평의 의미가 담겨 있는 경향이 크다.

권력자는 평등을 다양한 각도에서 바라보려는 넓은 마음을 가진 흐르는 물이어야 한다

어떤가? 같은 평등이지만 굉장히 다른 평등이지 않은가? 이렇게 평등을 바라보는 시선의 기준이 다르므로 리더는 '권력'이라는 도구를 갖고 있더라도 사람과 사람 간에 발생할 수 있는 문제를 쉽게 해결하기가 어려운 것이다. 그렇다면 어떤 평등이 더 좋은 것인가?

이 질문에 대한 정답은 없다. 그리고 오히려 정답이 있는 순간 세상은 더 큰 갈등을 겪게 된다. 왜 그럴까? 평등에 대한 명확한 기준을 세우는 순간 사람은 또 다른 사람에게 자신의 기준과 생각을 강압적으로 주입하려는 모습을 보이기 때문이다. 그리고 이렇게 강압적으로 주입할 때 상대가 나의 말에 동의하지 않으면, 그때부터는 강압이 지배라는 감정으로 변하기 때문이다.

따라서 나는 이렇게 생각한다. 평등권의 본질은 아이러니하게도 무색무취와 넓은 마음이어야 한다는 것을 말이다. 우선 내가 왜 넓은 마음을 썼는지는 모두가 이해할 것이다. 리더는 사람마다 각각 다른 상황을 헤아리려는 넓은 마음을 가져야 그에 맞는 평등을 제시할 수 있기 때문이다. 그러나 많은 이들은 무색무취라는 단어를 보며 고개를 갸우뚱거릴 것이다.

의외이지만 참된 '권력'을 통해 사람과 사람 간에 발생하는 문제를 해결하고자 하는 사람은 자신의 주관이 명확하면서도 이것을 언제든지 버릴 줄 아는 지혜가 필요하다. 그렇지 않으면 평등을 바라보는 자신의 기준이 너무나도 확고한 나머지, 다른 사람의 의견은 아예 듣지도 않는 상황이 발생한다.

내가 이때까지 본 훌륭한 리더들은 하나같이 똑같은 공통점을 갖고 있었다. 그들은 정직한 윤리관을 가진 무색무취의 흐르는 물이라는 것이다. 자신의 정치색을 뚜렷하게 표현하기 좋아하는 사람은 나의 말에 동의하지 않을 것이다. 그러나 나는 그들에게 다음의 사례를 통해 뚜렷함이 갖는 부작용에 대해서 말해주고 싶다. 왜? 윤리와 정치색은 결이 다르기 때문이다.

히틀러와 나치당이 주장했던 그들만의 평등

간단하게 제2차 세계대전 당시의 독일 나치당을 생각해보면 쉽다. 인간은 자신에게 위기가 닥칠 때 극적인 방법을 선택하려는 경향이 있다. 그래서 인간은 문제 해결이 시급한 시기에 극우 혹은 극좌를 선택할 때가 많다. 1900년대 초중반의 독일도 그렇다. 당시의 독일 나치당은 극우의 중심에 있었다. 그리고 그 중심에는 히틀러가 있었다. 히틀러는 독일 극우 사상의 정점을 찍으며 홀로코스트Holocaust라는 유대인 대학살을 자행했고, 그는 전 세계를 상대로 전쟁을 일으키기도 했다.

정말 모순적이지만 히틀러는 그 누구보다도 평등을 주장했던 사람이다. 바로 민족의 평등Völkisch이라는 주장을 통해서 말이다. 당시의 히틀러와 나치당이 의미했던 평등은 철저히 독일 게르만 인종에게만 허락된 평등이었다. 이들은 독일 게르만 계통이 아닌 인종에게는 그 어떤 법적인 권리를 허락하지 않았다. 그리고 이를 통해 독일에서는 오로지 인종적 우월성을 인정받은 독일계 아리아인만이 법적인 권리를 보장받을 수 있었다.

히틀러와 나치당은 이것을 평등이라고 주장했다. 그러나 나는 묻겠다. 당신의 눈에도 이것이 평등으로 보이는가? 그렇지 않을 것이다. 이것은 우리가 의미하는 보편적 평등에 철저히 어긋나는 개념이기 때문이다.

히틀러와 나치당은 그 누구보다도 뚜렷한 색을 가지고 있었다. 그러나 이러한 역사적 사례는 다음의 교훈을 준다. 뚜렷함의 피해자는 간혹 죄 없는 일반 시민이 될 수도 있다는 것을 말이다. '권력'을 이용하여 문제 해결사로서의 사명을 다해야 하는 사람이 가져야 하는 뚜렷한 주관은 하나라고 본다. 그것은 윤리적 주관이다. 물론 윤리도 사람에 따라서 그 기준이 다를 수는 있다. 그러나 보통의 경우 우리는 윤리적인 것과 비윤리적인 것을 구별하는 능력이 어느 정도 발달해있다. 인지능력을 그 누구보다 뚜렷하게 강화해야 하는 사람이 바로 리더다. 리더가 윤리에 대한 뚜렷한 기준이 없으면, 그것은 리더십 부재와 일맥상통한다.

윤리적 기준은 뚜렷하되 흐르는 물이 되기 위해서는 다양한 물줄기를 다룰 줄 알아야 한다. 이는 즉 다양한 의견을 차별없이 경청해야 한다는 것을 의미한다. 그런 점에서 다양한 의견을 경청하지 못하는 사람은 '권력'을 가져서는 안 된다. 이 부분에 있어서는 나의 의견을 한치라도 양보하지 않겠다. 그런 사람은 절대 리더가 돼서는 안 된다. 이들은 결백한 사람의 마음을 이해할 양심조차 없기 때문이다.

6. 정의

정의의 핵심은 바르고 곧은 것이다. 그렇다면 무엇이 바르고 곧은 것인가? 이는 매우 주관적이다. 그러나 누군가는 선한 것을 바르고 곧다고 하고 누군가는 평등한 것을 바르고 곧다고 한다.

정의는
권력의 품질을 정한다

정의로운지 아닌지를 알 수 있는 질문 :
이래도 괜찮은 거야?

나는 고등학생이었을 당시 문과생으로서 사회탐구 과목을 고를 때 〈정치〉 대신 〈법과 사회〉라는 과목을 선택했다. (내가 고등학생이었을 때는 〈정치와 법〉이 아니라 〈정치〉 그리고 〈법과 사회〉라는 과목이 있었다.) 이유는 단순하다. 왠지 〈법과 사회〉를 공부하면 적어도 나만의 방식으로 사회에 정의를 구현할 수 있지 않을까 하는 순수한 생각이 들었기 때문이다. 그러나 예상과는 반대로 나는 〈법과 사회〉라는 과목을 통해 정의를 구현하고 싶다는 마음을 버리게 됐다. 교과서에서 설명하는 정의Justice가 도대체 무엇을 의미하는지 이해하기 어려웠기 때문이다.

그러나 성인이 된 지금은 다르다. 교과서에서 이런 문구를 발견했기 때문이다. "정의는 법이 추구하는 최고의 이념이다."[9) 세상에, 정의는 법이 추구하는 최고의 이념이라니! 참 멋있는 말이라는 생각이 들었다. 이런 멋진 의미를 좀 더 쉽게 설명하기 위해서라도, 나는 정의의 본질을 다음의 방법으로 풀이해 보려 한다. 방법은 아주 간단하다. 그것은 바로 다음의 질문을 하는 것이다. "이래도 괜찮은 거야?"

정말 간단한 질문이지 않은가? 나는 이 질문을 입법부에서 일할 당시 나 자신에게 자주 묻곤 했다. 내가 입법부에서 일하며 느낀 것이 있다. 그것은 바로 세상에 발의되는 모든 법안은 하나의 '권력'이라는 것이다. 법안이 '권력'이 될 수 있는 논리는 간단하다. 여러 번 강조하지만 '권력'은 사람과 사람 간에 발생하는 문제를 해결하는 도구이자 수단이다. 놀라운 것은 법안 또한 사회의 문제를 해결하는 도구이자 수단이라는 것이다. 그러므로 법안은 '권력'이 되는 것이다.

그런데 내가 법안들을 다루며 "이래도 괜찮은 거야?"라는 질문을 하게 된 데에는 이유가 있다. 이 질문은 어떤 법안이 사회에 정의를 구현할 수 있는지 없는지를 본능적으로 구분해주는 질문이기 때문이다.

"이래도 괜찮은 거야?"의 대답이 "이건 좀, 아닌 것 같은데…?"일 경우

예를 들어보자. 우리 사회에는 아주 많은 법안이 존재한다. 그러나 주로 복지와 관련한 법안은 최대한 사회적 약자를 고려하여 발의되는 경우가 많다. 그래서 이런 법안을 읽을 때는 예산이 얼마나 투입되는지도 분석하지만, 법안을 통해 나타날 잠재적 사회 현상도 분석해야 한다. 이왕이면 그 법이 많은 이들에게 도움이 됐으면 하는 바람과 함께 말이다.

반면에 기업의 활동을 도모하는 법안을 다룰 때도 있다. 기업의 활동이 줄어들면서 생기는 문제들이 있다. 예를 들면 청년 취업 감소가 그중 하나다. 이럴 때는 새로운 법을 만들어서라도 청년들이 다시 설 수 있는 기회를 마련해줘야 한다. 따라서 기업 활동 지원 법안은 때때로 청년들이 창업을 통해 새로운 길을 개척할 수 있도록 지원하는 데에 목표를 두기도 한다.

내가 지금 말한 이 두 유형의 법안에는 한 가지 공통점이 있다. 복지 혹은 기업 활동 지원 법안은 정당 간의 의견차가 상대적으로 크다는 것이다. '권력' 구조에서는 이렇게 의견차가 큰 법안을 쟁점 법안이라고 부른다. (그 반대는 비쟁점 법안이다.) 그리고 쟁점 법안은 국회에서 다음과 같은 장면으로 묘사될 때가 많다.

의원 A : 지금 우리 사회에는 A 법안 통과가 시급합니다.
의원 B : 아니요. 지금은 B 법안 통과가 더 중요합니다.
의원 A : 의원님이 말씀하시는 B 법안은 기득권에만 혜택이 돌아간다는 걸 왜 모르시나요?
의원 B : 허허! 내가 이런 말까지는 안 하려 했는데, A 법안이야말로 세금 먹는 하마라는 것 모르시나요?

의견 대립이 심할수록 각 정당은 해당 법안을 발의하려던 근본적인 이유를 잊게 된다. 자신의 뜻을 더 강력히 대변하기 위해 이성보다는 감정적 대응에 치우치는 경우가 생기기 때문이다. 그러나 간혹 이런 상황은 어느 순간 어느 한쪽의 이익을 극도로 추구하는 모습을 연출하기도 한다. 그리고 우리는 이러한 모습을 보며 무의식적으로 다음의 말을 내뱉는다. "음… 이건 좀, 아닌 것 같은데…?"

그렇다. 바로 이것이 내가 조금 전 물었던 "이래도 괜찮은 거야?"의 대한 본능적인 답변이다. 분명히 두 유형의 법안은 복지라는 가치 혹은 기업 활동 지원이라는 가치에 힘을 실어주기 위해 마련된 법안들이다. 정의란 무엇인가? 너무나도 주관적이어서 그 뜻을 하나로 정리하기는 어렵다. 그러나 교과서는 정의를 설명할 때 주로 다음의 단어를 사용하는 경향이 있다. 그것은 바로 선한 것 혹은 평등한 것이다. 그런 의미에서 선한 것 혹은 평등한 것을 정의라고 잠시 가정해보고 다음의 부분을 살펴보자.

각 당은 해당 법안들을 통해서 자신만의 정의를 구현할 수 있다는 판단이 들었을 것이다. 왜 그럴까? 이들의 법안은 복지를 통한 보편적 사회 발전과 시장 활성화를 통한 일자리 창출이라는 목표를 이룰 수 있기 때문이다. 예를 들어보자. 복지는 선한 의도를 바탕으로 약자를 위한 혜택을 제공함으로써 정의를 구현할 수 있다. 반면에 기업 활동 지원은 시장의 활성화뿐 아니라 창업 지원을 통한 평등한 일자리 창출이라는 정의를 구현할 수 있다. 한마디로 각자만의 방법을 통해 그 나름의 바르고 곧은 것을 세우는 것이 각 당이 의미하는 정의인 것이다.

자신만의 기준을 대입하는 것까지는 괜찮다. 그러나 문제는 그 이상을 넘어설 때다. 적정 범위 이상의 판단 기준은 때때로 그 본질을 흐리게 만든다. 그러나 이렇게 판단이 흐려질 때는 시민이 먼저 반응하며 "이건 좀, 아닌 것 같은데…?"와 같은 메시지를 남긴다. 결국 자신도 모르게 직감적으로 정의의 본질이 흐려졌다는 것을 깨달은 것이다.

정의로운지 아닌지를 판별할 때 직감이 중요한 이유

그런 의미에서 나는 정의의 의미를 하나로 제한하지 않으려 한다. 무엇이 바르고 곧은지는 오직 당신만의 방법으로 판단할 수 있다고 믿기 때문이다. 그러나 이 방법 하나는 제시하고 싶다. 그것은 바로 직감을 활용하는 것이다.

인간이 오감을 넘어 육감적으로 느끼는 것이 바로 직감이다. 나는 개인적으로 직감은 그 어떤 것보다 정의를 구현하는 과정에서 중요한 역할을 맡는다고 본다. 왜냐하면 직감이야말로 우리의 순수한 본능을 보여주는 매개체라고 생각하기 때문이다. 그래서 자신도 모르게 무언가를 보고 '이건 좀, 아닌 것 같은데…?'라는 생각이 든다면, 조심스럽지만 그것은 정의롭지 않을 가능성이 높다고 본다.

사실 직감만큼 무서운 게 없다. 그러니 오죽하면 영어에서는 직감을 Gut Feeling 즉 소화기관이 느끼는 감정이라고 표현하지 않겠는가? 놀랍지만 과학자들에 의하면 인간의 소화 기간은 제2의 뇌와 같다고 한다. 그래서 인간은 가장 먼저 뇌를 통해 감정을 느끼고 그다음으로 소화기관을 통해 감정을 느낀다고 한다. 이것은 무엇을 의미하겠는가? 우리가 무언가를 보고 직감적으로 거부 반응을 느낀다면, 그 무언가는 대체로 정의롭지 않을 가능성이 크다는 것이다. 왜? 몸은 거짓말하지 않기 때문이다.

정의는 권력의 품질을 정하기도 한다

그렇다면 '권력'을 추구함에 있어서 정의는 왜 중요한가? 이것은 마치 악취 나는 돈은 '부'를 쌓는 과정에서 쓰지 말라고 주장한 것과 똑같다. 나는 분명히 '부'의 핵심 개념과 본질을 설명하면서 돈의 품질을 철저히 따져서 투자하라고 강조한 적이 있다. 돈의 품질을 따지지 않으면 나중에는 그 돈에서 악취가 나기 때문이다.

'권력'도 마찬가지다. 정의롭지 못한 권력은 품질이 좋지 않다. 그리고 품질 좋지 않은 '권력'은 나중에 악취를 풍긴다. 그러나 '권력'은 '부'보다 훨씬 더 인간의 감성 및 감정을 적극적으로 활용한다. 그래서 '권력'을 대할 때는 이성적 판단도 중요하지만, 인간의 본능적 직감도 중요한 것이다.

'권력'의 품질에 대해 논하기 위해 이번에도 농사를 예시로 들어보겠다. 이때까지 밭의 주인이 국민이었다면, 이번에는 우리가 일반적으로 생각해볼 수 있는 밭의 주인을 떠올려보도록 하자. 이와 마찬가지로 농부도 정치인이 아닌, 그냥 보통의 농부로 말이다.

주로 밭을 소유하고 있는 사람들은 '권력'과 '부'를 동시에 거머쥔 사람들이 많다. 신기하게도 이들은 좋은 농부를 고르는 능력이 뛰어나다. 그래서 이들은 자신의 쟁기를 어떤 농부에게 빌려줄지 아주 똑똑하게 결정한다. 밭 주인 중에는 좋은 주인도 있을 수 있고 나쁜 주인도 있을 수 있다. 좋은 주인을 만난다면 다행이다. 그러나 나쁜 주인은 농부를 이용해 자신이 얻을 수 있는 열매의 양을 최대한으로 늘리려고 할 것이다. 다른 사람들도 수확해야 하는 열매는 고려도 하지 않고 말이다.

농부가 순수한데 운이 없는 사람일 경우에는 나쁜 주인한테 걸려들 가능성이 크다. 나는 농부가 얼른 그 주인으로부터 멀어졌으면 하는 마음에서 이런 말을 해줄 것 같다. "농부님, 얼른 도망가세요. 그리고 다음에는 밭의 주인이 어떤 농부들에게 쟁기를 빌려줬는지 살펴보시고요. 만약에 농부들이 독이 든 열매만 수확해왔다면, 그 쟁기는 결코 좋은 쟁기가 아닐 거예요. 그리고 쟁기가 좋지 않다는 건 주인도 좋지 않다는 걸 의미하고요."

좋은 농부는 정의롭지 못한 것을 간파하는 능력을 키워야 한다

독이 든 열매는 정의로운 열매가 아니다. 그래서 '권력'을 통해 좋은 농부가 되고 싶은 사람은 독이 든 열매를 수확하기 전에 이 질문을 해봐야 한다. "이래도 괜찮은 거야?" 만약에 이에 대한 답변이 "이건 좀, 아닌 것 같은데…?"라면 그것은 정의롭지 못한 것이다. 원래 진짜 정의로운 것은 1%의 의심도 들지 않기 때문이다.

사실 이 질문을 하는 것은 어떻게 보면 일반인들도 자신이 있는 자리에서 가장 빠르게 정의를 구현하는 것과 비슷하다고 볼 수 있다. 세상에는 원래 진품보다 위조품이 더 많다. 그런 의미에서 참된 리더가 질 좋은 순수한 '권력'을 얻기 위해서는 생각보다 아주 오랜 시간을 견뎌야 할 수도 있다. 원래 진품은 그

가치를 알아감에 있어서 상대적으로 오랜 시간이 걸리기 때문이다.

그러니 품질 좋은 '권력'을 통해 좋은 농부가 되려는 자는 무엇이 정의롭고 정의롭지 못한지를 간파하는 능력부터 키워야 한다. 이는 즉 자신만의 정의를 수립하라는 뜻이다. 정의를 모르는 농부는 독이 가득한 열매를 수확할 확률이 높다. 그리고 농부의 어리석은 판단 하나 때문에 독이 든 열매를 먹는 사람들은 생명을 잃을 수도 있을 것이다.

7. 규범

규범의 핵심은 기준을 따르는 것이다. 그렇다면 기준은 어떻게 세우는 것인가? 그것은 존경을 통해 세울 수 있다. 존경은 본(本)이 되는 기준을 따를 때 존재하기 때문이다.

무언가를 따르고 싶은 마음이 들어야 권력에 대한 신뢰가 쌓인다

규범, 바람직한 삶의 모습을 만들기 위한 사회적 조건

나는 그동안 규범을 하나의 행동 규칙으로 바라봤다. 두 가지 이유가 있다. 첫째, 우선 규범의 어감 자체가 무언가를 따르게 하는 성질을 지닌다고 보기 때문이다. 그리고 둘째, 행동 규칙은 곧 사회의 질서를 유지하는 데에 필수 불가결한 요소가 되기 때문이다.

교과서는 규범을 좀 더 큰 범주에서 바라보는 경향이 있다. 교과서는 규범을 바람직한 삶의 모습을 만들기 위해 사회적 조건을 개선하는 기능으로 보기 때문이다.[10] 국어사전에서 기능이라는 단어를 한번 찾아보자. 기능의 의미는 역할 혹은 작용이다. 이 의미를 토대로 규범을 나만의 방식으로 쉽게 풀이해보자면 이는 다음과 같다. 규범은 기준을 따르고 싶게 만드는 촉매제다.

그렇다면 나는 왜 규범을 기준을 따르고 싶게 만드는 촉매제라고 설명하는 것일까? 이유는 하나다. 인간이 사회적 조건 개선을 통해 바람직한 삶의 모습을 만들기 위해서는 그에 따르는 행동을 취해야 하기 때문이다.

인간은 진실로 무언가를 따르고 싶은 마음이 들어야 생각을 행동으로 옮기는 모습을 보인다. 그럼 이를 가능케 하는 역할은 누가 맡는가? 그것은 다름 아닌 존경심이다.

인간은 존경심을 느껴야
무언가를 따르고 싶은 마음이 든다

무언가를 따를 때는 주로 두 가지 경우가 있다. 그것은 자발적인 경우와 강압적인 경우다. 사실 인간은 무언가를 강압적으로 따르기보다 자발적으로 따를 때 훨씬 더 숭고한 가치를 창출한다. 강압성은 지배적 성향을 보이지만 자발성은 존경이라는 가치를 담고 있기 때문이다.

쉬운 예를 들어보자. 누구나 학창 시절에 이런 질문을 받아본 적이 있을 것이다. "학생은 누구를 존경하나요?" 나는 주로 이 질문에 부모님을 존경하거나 세종대왕을 존경한다고 답한다. 우선 부모님을 존경하는 이유는 다음과 같다. 왠지 우리 부모님처럼 살면 잘 살았다는 평가를 받을 것 같기 때문이다. 이와 더불어 세종대왕을 존경하는 이유는 다음과 같다. 세종대왕은 남녀노소 그리고 계급과 상관없이 실력 있는 자에게 기회를 나눠줬다. 그런 이유로 나는 언젠가부터 세종대왕처럼 기회를 나눠주는 사람이 되고 싶었다. 이것이 바로 존경심을 토대로 무언가를 따르는 마음이 아닐까 싶다.

당신은 언제 존경심을 바탕으로 무언가를 따르고 싶다는 마음이 드는가? 각자만의 경우가 다를 것이다. 그러나 사회를 이끌어야 하는 리더만큼은 이 질문이 얼마나 무서운 질문인지 깨달아야 한다. 존경이라는 가치에는 나라는 존재가 상대의 존경스러운 모습을 보고, 그것을 따르며 살아도 좋다는 생각이 스며있기 때문이다. 이것이 리더에게 주는 교훈은 무엇인가? 리더는 다른 이에게 본(本)이 되는 모습을 보여야 함을 의미한다. 그래야만 사람들은 존경하는 마음과 함께 리더를 자발적으로 따르기 때문이다.

폭포가 만드는 본

리더를 자발적으로 따르는 사회는 대체로 바람직한 모습을 갖출 수밖에 없다. 그런데 이렇게 이론과 원리를 잘 알고 있음에도 불구하고, 왜 아직도 우리 사회의 수많은 규범은 무너지고 있는 것인가? 존경이라는 기능적 역할을 설명에 대입해보자면 그 답은 오직 하나다. 그만큼 존경의 대상이 무너져서 규범이 무너진 것이고, 규범이 무너져서 바람직한 사회의 본이 무너진 것이다.

무너진 규범을 다시 세우고 바람직한 사회를 만들기 위해서는 우선 그 사회의 본이 되는 기성세대부터 올바른 모습과 행동을 보여야 한다. 전 세계 어디에서든지 한 사회의 본은 조상이 세운다. 이는 즉 본이라는 것은 인생의 선배가 인생의 후배에게 보이는 내리사랑으로 세워진다는 것을 의미한다.

내리사랑은 마치 폭포와 같다. 폭포는 위에서 아래로 흐른다. 그러므로 내리사랑이 실천되는 사회에서는 후세대가 존경심을 토대로 기성세대의 본을 자발적으로 따르려 한다. 본이 되는 훌륭한 가치를 따르는 것이 사회적 동물인 인간이 실천해야 하는 가장 기초적 책임이기 때문이다.

리더가 눈여겨봐야 하는 분수 현상

우리는 물이 위에서 아래로 흐르지 않고 아래에서 위로 흐를 때 자연의 법칙을 거스르는 현상을 목격하게 된다. 자연의 법칙을 거스르는 것에 존경을 표하기란 어렵다. 그러나 이것이 시사하는 의미는 상상 이상으로 크다. 이는 즉 존경심을 느끼지 못한다면, 인간은 규범을 준수할 필요성도 느끼지 못함을 의미하기 때문이다. (더 솔직히 말하자면, 규범을 따라봐야 그것이 개인의 삶에 무슨 도움이 되는지 이해하지 못하기 때문이다.)

리더는 바로 이 부분을 유심히 들여다봐야 한다. 최근 들어서 자연의 법칙을 거스르는 현상이 전 세계의 곳곳에서 나타나고 있다. 나는 이것을 분수 현상이라고 명명하고 싶다. 분수가 물을 어떻게 내뿜는지 한번 생각해보라. 분수는 주로 아래에서 물을 올려서 위로 내뿜는다. 그러나 여기에는 한 가지 특징이 있다. 분수는 물을 아래에서 위로 내뿜기 때문에 종국에는 물이 여러 곳으로 튄다는 것이다. 이것이 바로 분수와 폭포의 차이점이다.

사람들이 폭포에 열광하는 데에는 이유가 있다. 위에서 아래로 흐르는 물이 하나의 강을 만들고 그 강이 바다로 흐르기 때문이다. 사람들은 이러한 자연 현상에 경이로움을 느낀다. 그러나 분수는 그렇지 않다. 분수는 중력을 거슬러서 물을 내뿜는다고 해도, 그 물은 결국 흩어질 수밖에 없기 때문이다. (중력이 위로 올라간 물을 다시 아래로 잡아당기기 때문이다.)

리더가 그동안 농약과 화학비료를 썼기 때문에 신뢰를 잃은 것이다

나는 책에서 줄곧 리더를 농부에 빗대어 설명했다. 그런 점에서 리더가 제대로 된 리더십을 발휘하고 싶다면, 그는 참된 농부로서 그 누구보다도 품질 좋은 열매를 잘 수확하면 된다.

그런데 리더는 규범을 따르며 깨끗한 열매를 수확해야 한다. 사람들이 한 사회를 향한 존경심을 잃은 이유는 그동안 수많은 리더와 기성세대가 농약과 화학비료를 써서 열매를 수확했기 때문이다. 여기서 내가 의미하는 농약과 화학비료는 한마디로 자신의 밥그릇만 챙기는 내로남불(내가 하면 로맨스, 남이 하면 불륜이라는 신조어로 자신에게만 관대한 것을 의미한다.)형 주먹구구식 문제 해결을 의미한다. 농약과 화학비료를 써서 농사를 지으면 농부는 편하다. 그리고 이런 열매들은 겉으로 봤을 때 아무 문제가 없어 보인다. 그러나 이런 방법으로 수확된 열매는 결코 우리의 건강에 이로울 리 없다. 농부가 누리는 편의의 대가는 곧 품질 저하 열매로 이어지기 때문이다.

그러므로 리더는 고생을 하더라도 깨끗하게 수확한 열매를 사람들에게 제공해야 한다. 이것이 '권력'을 추구하는 사람이 준수해야 하는 기초적인 규범이다. 리더가 책임을 다할 때 사람들은 자발적으로 존경심을 표하며 사회 전체에 신뢰를 보일 것이다. 그리고 그런 신뢰가 넘쳐날 때 우리는 또 다른 존경의 본을 세우기 위해 최선을 다할 것이다.

8. 권력 분립

권력 분립의 핵심은 힘의 균형과 견제다. 민주주의 국가에서는 국가의 권력을 입법권, 행정권, 사법권으로 나눈다. (흔히 삼권 분립이라고도 한다.)

권력자가 문제 해결을 위해 선(先), 중간(中間), 후(後)를 생각해야 하는 이유

권력과 분립은 실과 바늘 같은 존재

'권력'을 논함에 있어서 항상 따라붙는 단어가 있다. 분립이다. 분립은 '권력'을 다루는 사람이 매번 상기해야 하는 중요한 개념이다. 힘이 한곳으로 몰리면 인간은 자신도 모르게 심리적으로 무언가를 지배하고 싶은 마음이 든다. 그리고 이럴 때 그러한 마음을 잠재우고 다시 국민의 권리를 되찾아주는 것이 분립이다.

민주주의 국가에서는 '권력'을 총 세 가지 유형으로 나눈다. 그것은 입법부, 행정부, 그리고 사법부다. 우선 입법부는 말 그대로 법을 만드는 곳이다. 국회를 생각해보면 쉽다. 국민의 목소리를 대변해야 하는 국회의원은 법을 만드는 책임이 있다. 그 다음은 행정부다. 행정부는 입법부에서 만들어진 법을 토대로 정책을 수립하고 집행한다. 마지막은 사법부다. 사법부는 입법부에서 만들어진 법을 심판의 기준점으로 활용하여 정의를 구현하는 데에 목표를 둔다.

세 가지 권력을 분립하는 과정에서 가장 중요한 것은 바로 견제와 균형이다. 견제는 권력이 한곳으로 몰리는 것을 방지한다. 그리고 힘의 균형은 견제를 통해 이룰 수 있다. 지금까지 내가 설명한 분립은 철저히 '권력'의 입장에서 바라본 정치적 개념이다. 이는 즉 권력 분립(삼권 분립)이라는 개념이 우리의 삶에 시사하는 본질적인 메시지는 따로 있다는 것이다. 그것은 바로 모든 일에는 선(先)Before, 중간(中間)Middle, 그리고 후(後)After의 개념이 존재한다는 것이다.

리더가 선(먼저) 그리고 후(나중)를 생각해야 하는 이유

생각의 힘을 기르기 위해 한 가지 질문을 던져보도록 하겠다.

혹시 당신은 내가 입법부, 행정부, 그리고 사법부를 설명하는 과정에서 어떤 단어를 계속 활용했다고 생각하는가? 그것은 바로 입법이라는 단어다. 자, 잘 생각해보자. 나는 행정부를 설명할 때 이런 표현을 썼다. '입법부에서 만들어진 법을 토대로'. 그렇다면 사법부는 어떤가? 나는 사법부를 설명할 때도 이와 비슷한 표현을 썼다. '입법부에서 만들어진 법을 심판의 기준점으로'. 결국 이 표현들이 의미하는 바는 무엇일까? 그것은 바로 모든 시작은 입법에서 시작한다는 것이다.

삼권 중에서 가장 첫 번째 권력인 입법부는 법을 만드는 일을 담당한다. 그렇다면 왜 우리는 삼권을 이야기할 때 입법부부터 이야기 하는 것인가? 이때 우리는 선(먼저)의 개념을 생각해봐야 한다. 여러 번 강조해도 지나치지 않지만 '권력'이 필요한 이유는 하나다. 그것은 사람 간에 서로 대립하는 문제를 해결하기 위해서다. 이는 즉 입법부는 어떤 문제가 발생하기 전에 법 혹은 규칙을 만듦으로써 그 문제가 발생할 가능성을 사전에 최소화하는 데에 주안점을 둔다는 것이다.

우리가 어릴 때 맞는 백신을 생각해보면 입법의 역할을 이해하는 데에 좀 더 수월할 것이다. 국가마다 백신 접종법이 살짝 다르지만, 대한민국에서 태어난 모든 사람은 생후 4주 이내에 불주사라고도 불리는 BCG 백신을 접종받아야만 한다. 그렇다면 왜 우리는 생후 4주도 안 된 생명체에게 백신을 접종할까? 이 백신의 목적은 소아결핵 방지다. 소아결핵은 치사율이 매우 높다. 따라서 이 백신을 접종받지 못한 신생아는 접종받은 신생아에 비해 사망률이 높다. 이처럼 입법은 백신처럼 어떤 문제가 더 악화하는 것을 미리 예방하는 데에 목표를 두어 문제를 해결하고자 한다.

그러나 이와는 반대로 사법부의 경우에는 심판의 역할을 맡는다. 심판에는 특징이 있다. 심판은 어떤 문제가 발생한 이후에 내릴 수 있다는 것이다. 축구 경기를 생각해보면 쉽다. 축구 경기 중에는 선수들도 뛰지만 심판도 덩달아 열심히 뛴다. 심판은 경기 중 선수들 간에 문제가 발생하지 않는 이상 특별한 행동을 취하지 않는다. 그러나 어떤 문제가 발생하면 심판은 호루라기를 불고 경기를 잠시 멈춘다. 문제가 일어난 다음에 행동을 취하는 것. 이것이 바로 심판의 역할이다. 이와 비슷한 원리로 사법부는 어떤 문제가 발생한 뒤 그 문제를 통해 잘잘못을 따지는 데에 주안점을 둔다. 이는 즉 문제의 사후 관리를 위해 사법부가 존재한다는 것이다. 그리고 이러한 사법부의 역할을 통해 우리는 후(나중)의 개념을 생각해볼 수 있는 것이다.

중간 과정이 있어야
선(먼저)과 후(나중)의 역할을 공고히 한다

이렇게 선인 입법부와 후인 사법부 사이에 있는 것이 행정부다. 행정부는 아까도 언급했듯이 입법부에서 만들어진 법을 바탕으로 정책을 수립하고 그 정책을 집행하는 곳이다. 한마디로 행정부는 법을 토대로 나라가 잘 운영될 수 있도록 그에 따르는 모든 행정적인 업무를 담당하는 곳이라는 것을 의미한다. 그래서 입법부와 사법부와는 달리, 행정부에는 아주 많은 부처들이 있다. 예를 들면 기획재정부, 외교부, 국방부, 보건복지부, 교육부 등등 말이다.

그렇다면 행정부는 선(먼저)과 후(나중) 중 어떤 개념을 수용해야 하는가? 행정부는 선과 후도 아닌 중간의 개념을 수용한다. 행정부는 다름 아닌 연결고리의 역할을 맡기 때문이다. 어떤 문제를 해결하든지 과정이 있어야만 결과를 도출할 수 있다. 이는 즉 국회에서 만든 법이 괜찮은지 아닌지를 알려면 행정부가 필요하고, 행정부가 제시한 정책이 있어야지만 해당 정책이 사회에 어떤 현상으로 나타날 수 있는지 살펴볼 수 있다는 것이다. 그리고 이러한 현상 속에서 정의를 구현하기 위해 심판하는 것. 이것이 사법부의 책임인 것이다. 그래서 입법부가 선(먼저) 그리고 사법부가 후(나중)의 역할을 맡듯이 행정부는 중간(과정)의 역할을 맡는 것이다.

선, 중간, 후가 문제 해결의 우선순위를 세우는 데 도움이 된다

그렇다면 이렇게 삼권 분립의 선, 중간, 후의 개념이 '권력'을 추구하고자 하는 사람에게 어떤 도움을 줄 수 있단 말인가? 그것은 우선순위의 확립이다. 예를 들어보자. 내가 제시한 삼권 분립의 철학적 본질을 적용하자면, 모든 일은 선의 단계를 거치고 그다음으로 중간 과정과 후의 단계를 거친다. 이러한 문제 해결의 순서가 삼권 분립의 또 다른 핵심이기 때문에, 리더는 단순히 힘의 견제와 균형만을 생각해서는 안 된다. 오히려 리더에게 힘을 실어주면서 상대의 힘을 견제하는 것은 선, 중간, 그리고 후의 생각 구조이기 때문이다.

문제를 해결하고자 할 때 선, 중간, 후라는 기초 정신을 순서대로 머릿속에 입력하고 있으면 큰 장점을 누릴 수 있다. 그것은 바로 문제 해결의 대안을 여러 단계에서 찾아낼 수 있다는 것이다. 예를 들어보겠다. A라는 사람은 회사 내에서 팀장이다.

A는 총 8명의 팀원을 두고 있다. A는 새로운 프로젝트를 진행하면서 선(먼저) 단계에서 각 팀원이 잘할만한 일을 부여했다.

A의 팀원 중 50%는 중간(과정) 단계까지 A가 시키는 대로 일을 잘 마무리했다. 그러나 나머지 50%의 팀원들은 도저히 A가 시킨 일을 못 하겠다고 했다. 간단한 이유다. 자신의 능력에 넘어서는 일을 A가 시켰기 때문이다. A는 팀원들의 말을 듣고 다시 선(먼저) 단계로 돌아왔다. 그리고 A는 이 단계에서 팀원들에게 맞는 일을 다시 부여했다.

만약에 A의 팀원들이 중간(과정) 단계에서 아무런 피드백을 주지 않았다면 A의 팀은 결과적으로 좋은 성과를 낼 수 없었을 것이다. 어디 그뿐이겠는가? 팀의 성과가 좋지 않으니 A는 후(나중) 단계에서 최악의 경우 해고라는 심판도 받을 수 있을 것이다. 왜 그렇겠는가? A가 리더로서 제대로 된 우선순위를 세우지 못했기 때문이다.

선, 중간, 후의 균형을 잃으면 존재의 이유도 잃는다

리더는 문제를 해결하면서 어떤 우선순위를 세울 것인지 알아야 한다. 우선순위를 세워야만 철저한 준비를 통해 문제를 해결할 수 있기 때문이다.

사람들은 권력자라는 단어를 들을 때 정치인만 생각하는 경향이 있다. 과연 그럴까? 나는 그렇지 않다고 본다. 문제를 해결하고자 하는 모든 사람은 권력자다. 이들은 문제를 해결하기 위해 '권력' 즉 힘이라는 도구를 사용하기 때문이다. 사실 리더는 권력자를 표현하는 영어 단어다. 그러나 이상하게도 권력자는 어감이 좋지 않다. 왜일까? 그만큼 권력자들이 우선순위도 없이 문제를 해결하여 대중의 신뢰를 잃었기 때문이다.

나는 다음의 사실을 강조하고 싶다. 당신뿐 아니라 우리 모두는 권력자이면서 권력자 후보라는 사실을 말이다. 삼권 분립이 주는 교훈인 선, 중간, 후를 삶에 잘 적용하다 보면 우리는 생각보다 많은 문제를 쉽게 해결할 수 있을 것이다. 그리고 이러한 세 단계를 머릿속에 명확히 세우면 당신은 훌륭한 리더로서 언제든지 또 다른 대안을 찾아낼 수 있을 것이다.

우선순위 없이 일을 처리하다 보면 결국에는 중구난방으로 일을 처리할 수밖에 없다. 그러나 애석하게도 그 때문에 피해를 보는 것은 권력자 주변의 사람들이다.

선, 중간, 후의 균형을 잃는다는 것은 곧 권력 견제를 의미한다. 정치적 기초 체력이 약한 사람은 몸싸움을 할 때 계속 견제를 받는다. 그리고 이러한 지속적 견제는 링 위에서 항복으로 이어진다. 균형을 잃어 항복하는 것은 존재의 이유를 상실하게 된다. 그러니 리더는 균형을 찾고 자신의 우선순위를 세워야 한다. 그래야 패자가 아닌 승자로서 그 어떤 견제도 이겨내는 패권을 잡을 수 있다.

9. 정치참여

정치참여의 핵심은 주권 실현이다. 주권이란 무엇인가? 주권이란 한 나라의 의사를 결정하는 최고의 힘을 뜻한다. 민주주의는 국민의 목소리로 운영된다. 이는 즉 국민의 정치참여가 곧 주권 실현임을 의미한다.

권력은 철저히 목소리에 의해 움직인다

국민의 정치참여는 가장 강력한 권력 견제 장치다

'권력'을 분립하는 근본적인 이유는 견제와 균형이다. 그렇다면 '권력'을 견제하는 가장 강력한 장치는 무엇일까? 그것은 다름 아닌 국민의 정치참여다. 사실 나는 10대까지만 하더라도 왜 굳이 사람들이 정치에 참여해야 하는지 이해하지 못했다. 어차피 어려운 문제는 국가가 알아서 해결해줄 것이라는 생각이 들었기 때문이다. 그러나 나는 20대가 돼서야 그동안의 생각이 잘못됐다는 걸 깨달았다. 우리 모두는 국가의 주인으로서 국가가 옳은 방향으로 나아가고 있는지 확인해야 하는 책임을 맡기 때문이다.

우리는 민주주의 체계 안에서 살고 있다. 민주주의 체계는 다수에 의한 지배원칙을 적용한다. 그런데 다수라는 개념은 우리가 상상하는 것보다 훨씬 더 큰 의미를 지닌다. 다수는 판을 새로 짤 수 있는 하나의 혁명과도 같기 때문이다.

전통 혹은 경제적 수익, 그것이 문제로다

한번 이런 생각을 해본 적이 있는가? 모두가 이해할만한 쉬운 예를 들어보겠다. A라는 마을에는 총 100명이 산다. A 마을은 그동안 몇백 년이 넘는 기간 동안 한옥마을을 잘 유지해왔다. 그러나 B라는 유명 건설 기업은 A 마을 이장에게 이런 제안을 했다. "이장님, 이곳에 한번 현대식 아파트를 몇 채만 들이는 게 어떨까요? 저희 회사도 이곳으로 이전하는 것을 고민하고 있습니다. 마을 주민들만 잘 설득해주신다면 저희가 한번 잘해보겠습니다."

그동안 A 마을이 몇백 년 동안 한옥마을을 잘 보존해온 데에는 이유가 있다. 이들은 전통을 중시하기 때문이다. 그러나 전통을 중시했던 나머지 A 마을 주변에는 그 어떤 기업도 진출하지 않았다. 그래서 A 마을의 주민들은 이곳에서 밥만 먹고 잠만 잘 뿐, 경제 활동을 하기 위해서는 1시간씩이나 차를 타고 C라는 마을에 가야 했다.

A 마을 이장은 고민하기 시작했다. 이장은 혼자서 문제를 해결할 수 없을 것 같아서 이 사실을 마을 주민들에게 알렸다. A 마을의 주민들은 주민 투표를 하자고 제안했다. 찬성은 B 기업이 제안한 것을 수락하는 것이고, 반대는 B 기업이 제안한 것을 거부하는 것이다. 자, 당신이라면 어떤 선택을 하겠는가?

찬성 51 : 반대 49가 나와도 목소리를 내야 하는 이유

서로 다른 이유로 찬성 혹은 반대를 선택했을 수 있다. 그런데 예를 들어 이번 투표의 결과는 찬성 51표, 반대 49표가 나왔다고 가정해보자. 그리고 예를 들어 당신은 반대에 1표를 행사했다고 가정해보자. 당신이라면 이 결과를 받아들일 수 있겠는가? 솔직히 단 2표 차이로 찬성이 우세한 결과로 나온 것이라면 반대를 투표한 사람들은 화가 날 수도 있다. 그동안 어떻게 해서 대대손손 지켜 온 전통 한옥마을인데, 단 2표 차이로 전통성이 무너질 수도 있기 때문이다.

당신을 포함한 반대표를 던진 사람들은 도저히 이 결과를 받아들일 수 없어서 A 마을 이장에 항의를 했다고 가정해보자. 그러나 이장으로부터 돌아온 답변은 다음과 같다. "다수가 찬성을 원하잖아요? 별수 있겠어요?"

당신에게는 또 다른 갈림길이 생겼다. 당신은 이 같은 상황에서 찬성으로 입장을 바꾸겠는가 아니면 반대의 입장을 고수하겠는가? 당신이 어떤 정치참여를 하는지에 따라서 A 마을의 미래가 바뀔 것이다. 만약에 당신이 찬성으로 입장을 바꾼다면, 더 이상 A 마을은 전통성을 유지하지 못할 것이다. 대신 이곳에 B 기업과 B 기업이 세운 아파트가 들어서면 A 마을은 수익성 있는 커뮤니티로 발전할 것이다.

그러나 당신이 반대의 입장을 지키고 싶다면 당신은 그 누구보다도 열띤 정치참여를 통해 반대의 목소리를 끊임없이 내야 한다. 당신은 찬성표를 던진 사람들을 향해서 도저히 이 결정에 그 어떤 정당성과 권위를 부여할 수 없다는 걸 증명해야 하기 때문이다.

이렇게 끊임없이 증명해야만 누릴 수 있는 기적이 있다. 그것은 바로 소수에서 다수가 되는 기적이다. 당신이 포기하지 않고 목소리를 내다보면 찬성표를 던졌던 사람 중 몇 명은 이런 생각을 할 수도 있다. "그래, 생각해보면 내가 이 문제를 너무 간단하게 받아들였던 것 같아. 좀 더 생각해보고 다시 찬성하든지 말든지 해야겠어."

이러한 생각을 하는 사람들이 많아질수록 51표를 받았던 찬성은 갑자기 45표로 줄어들 수도 있고 심지어 30표로 줄어들 수도 있다. 그럼 이것은 결국 무엇을 의미하겠는가? 49표를 받았던 반대는 갑자기 55표로 늘어날 수도 있고 심지어 70표로도 늘어날 수도 있다는 것을 의미한다. 판을 새로 짤 수 있는 전략. 이것이 바로 목소리가 가진 혁명의 힘이다.

사실 이 예시는 우리 사회뿐 아니라 지구 반대편의 개발도상국에서도 일어나고 있는 문제 중 하나다. 누군가는 전통을 중시하고 누군가는 경제적 수익을 더 중시한다. 그러나 이 예시가 시사하는 중요한 교훈이 있다. 변화를 원하고 자신이 원하는 것을 얻으려면, 우리는 최선을 다해서 목소리를 내야 한다는 것이다.

목소리를 내야만 기존의 판을 뒤집는 혁명을 일으킬 수 있다. 가만히 앉아서 다른 사람들이 우리의 이야기를 들어줄 것이라고 기대하지 말자. 왜? 이익 관계에서 사람은 그 누구보다 이기적으로 변할 수 있으므로 이익을 추구할 때는 배려라는 감정이 사라지기 때문이다. 그래서 목소리를 내지 않고 그냥 누군가가 제시하는 의견에 수긍만 한다면, 당신은 원하는 것을 절대 얻을 수 없다.

별다른 의견이 없어서 다수에 의한 결정을 따라도 괜찮다면 이는 큰 문제가 되지 않는다. 그러나 나는 묻겠다. 그 침묵이 얼마나 오래갈 것이라고 생각하는가? 생각보다 그리 오래가지 않을 것이다. 자유를 향한 인간의 갈망은 박해를 이겨 낼 용기를 만들기 때문이다. 그러므로 이때는 침묵을 깨고 목소리를 낼 수밖에 없는 것이다.

세상이 당신의 목소리를 듣지 않아서 지칠 때도 있을 것이다. 그럴 때는 잠시 쉬어도 괜찮다. 그러나 멈추지는 않아야 한다. 목소리는 메아리와 같아서 시간이 지나면 곧 당신에게 돌아올 것이기 때문이다. 그런 점에서 당신은 당신만의 방법으로 목소리를 낼 수 있어야 한다. 목소리를 내지도 않고 불평불만만 해봤자 소용이 없다. 피를 나눈 가족이나 혈맹이 아닌 이상 그 누구도 당신의 목소리를 조건 없이 들어줄 확률은 낮기 때문이다.

목소리를 내지 않는 것은 무관심을 의미하고, 무관심은 국가와 국민을 실패하게 만든다

이 부분은 특히 10대, 20대 청년들이 유념해야 할 부분이다. 나는 '부'의 핵심 개념 중에서 정부 실패에 대해 언급했었다. 정부 실패의 원인 중 하나는 정치를 향한 당신의 무관심이다. 당신이 목소리를 내지 않아 사람과 사람 간의 문제를 해결하는 데에 큰 관심을 보이지 않는다면, 정부는 국정 운영에 실패할 수밖에 없다. 이유는 하나다. 제대로 된 견제 장치가 없어서 정부가 제대로 된 국정 운영을 실시하기 어렵기 때문이다.

정부가 실패하면 국가가 실패하고 국가가 실패하면 국민이 실패한다. 우리는 더 열심히 정치에 참여해야 한다. 정치참여에는 다양한 방법이 있다. 그것은 투표가 될 수도 있고 청원서 제출이나 서명운동이 될 수도 있다. 이것이 너무 어렵다면 더 쉬운 방법도 있다. 그것은 바로 대화를 통한 정치참여다. 동료와 함께 커피를 마시면서 혹은 학우들과 수업 중에 토론하며 정치, 정책에 대해 논하는 것도 명백한 정치참여다.

이 과정에서 국가에 제안해보고 싶은 새로운 정책이 있다면 당신은 얼마든지 정책의 초안 및 문제 해결의 필요성이 담긴 정보를 언론사에 제보하거나 국회, 정부 부처에 제출하여 법안을 만드는 데에도 이바지할 수 있다. 이는 즉 무엇을 의미하겠는가? 당신도 정치참여라는 '권력'을 통해 문제를 해결할 수 있다는 것이다.

'부'가 가치를 좋아한다면, '권력'은 가능성을 좋아한다. 따라서 '권력'은 목소리를 좋아한다. 목소리에 의해 가능성이 커지기 때문이다. 그런 점에서 이 사실을 꼭 기억하길 바란다. '권력'은 철저히 목소리에 의해 움직인다는 것을 말이다. 더 나은 세상과 변화를 원한다면 그 누구보다 열심히 목소리를 내길 바란다. 그것이 우리가 국민으로서 그리고 리더로서 누릴 수 있는 참정권이자 주권 실현이다.

10. 국제평화주의

국제평화주의의 핵심은 상호주의 원칙을 통한 평화 유지다. 대한민국 헌법 제5조와 제6조는 국제평화 유지와 국제법 준수를 위한 국가적 노력을 약속한다.

가장 값비싼 보석을 지키기 위해서는 그 누구보다 권력자 즉 당신이 강해져야 한다

평화, 3억 원짜리 페라리 자동차를 무한대로 보유하고 있는 것과 맞먹는 개념

시중에 여러 자동차가 있지만 길을 걷다가 "와, 저 차 멋있다!"라는 반응을 끌어내는 차가 있다. 페라리다. 페라리는 색감도 예쁜데 엔진의 소리가 남다르다는 느낌이 든다. 내가 아는 페라리 자동차 한 대의 가격은 최소 3~4억 원이다. 그런데 한번 이런 상상을 해보자. 한 사람이 페라리 자동차 한 대를 보유하는 것도 힘든데, 이 차를 적어도 몇억도 아니고 몇조 대를 보유하고 있다는 상상 말이다.

이 금액은 감히 상상하기가 힘든 금액이다. 감히 상상도 못하는 금액이 바로 평화의 가치다. 내가 이때까지 살면서 본 것 중에 가장 비싼 가치는 평화라고 해도 과언이 아니다. 그러나 우리는 평화가 비싼 것인지 감조차 잡지 못한다. 우리가 매일 산소를 들이마시는 걸 당연하게 생각하듯이 평화도 마땅히 누려야 하는 가치라고 생각하기 때문이다. 이 이유로 많은 이들은 평화라는 단어를 보며 행복하게 손잡고 화합하는 것을 상상하곤 한다. 그러나 정말 서로가 손잡고 미소 짓는 것만이 평화일까? 그렇지 않다고 본다. 실제 국제 정치는 평화의 의미를 다음과 같이 정의할 때가 훨씬 많기 때문이다. 그것은 바로 전쟁이 잠시 부재한 상태다.

사냥 본능이 깨어나는 순간, 평화는 없다

우리가 사는 이 세상은 마치 동물의 왕국과도 비슷하다. 이는 즉 '권력'이 존재하는 모든 곳은 동물의 왕국이라는 것이다. 동물의 왕국은 약육강식의 세계다. 이곳에서 강한 자는 살아남고 약한 자는 죽는다. 제2차 세계대전 종식 이후 전 세계는 평화를 유지하기 위해 UN을 설립했다. 그러나 우리가 잊지 말아야 할 사실이 있다. 맹수에게는 사냥 본능이 있다는 것이다. 이 말은 무엇을 의미겠는가? 이는 즉 아무리 사람들이 UN을 설립하고 평화를 외친다고 하더라도, 맹수의 본성 때문에 전쟁은 언제든지 일어날 수 있다는 것이다.

맹수는 육식 동물이다. 그러나 토끼나 코끼리 같은 동물은 채식 동물이다. 평화를 외치는 세상은 맹수가 최대한 채식주의자가 될 것을 요구한다. 그런데 한번 맹수에게 이렇게 물어보자. "저기요, 채소가 입맛에 좀 맞나요?" 내가 맹수라면 짜증 섞인 목소리로 이렇게 답할 것이다. "짜증 나니까 저리 가. 맛없어 죽겠네." 사람도 입맛에 안 맞는 음식은 못 먹는다. 그럼 맹수에게는 이것이 얼마나 더 곤욕이겠는가?

'권력'이 해결해야 할 가장 큰 문제가 바로 맹수의 사냥 본능이다. 사람 중에는 맹수 같은 사람도 있고 초식 동물 같은 사람도 있다. 맹수가 다시 고기를 보고 입맛을 다시는 순간 세상에 평화는 없다. 그런데 맹수가 전쟁을 일으키면 모든 동물은 일제히 자신에게 제일 잘 맞는 무기를 구하려고 한다. 이 이유로 온 세상이 평화를 외치더라도 세상은 갑자기 모순된 현상을 겪게 된다. 바로 군비 경쟁이라는 현상 말이다.

권력자의 페라리는 성능도 좋지만 남한테 과시하기에도 참 좋다

무기에 대한 이야기를 꺼냈으니 다시 한번 페라리 자동차에 대해서도 이야기해보자. 나는 아까 페라리 자동차에 눈길이 간다고 말했다. 내가 왜 하고많은 자동차 중에 페라리를 선택했겠는가? 우선 아까도 말했듯이 페라리는 성능이 좋다. 그리고 예쁘다. 사실 나는 자동차에 관심이 별로 없는 사람이다. 그런데 나같이 자동차에 관심이 없는 사람도 페라리를 보면 이런 생각이 든다. "이 차, 뭔가 있어 보인다."

그렇다. 바로 이것이다. 사람들은 당신이 페라리를 보유하고 있는 것만 보고도 당신을 쉽게 건드리지 않는다. 왜? 그 비싼 페라리를 보유한다는 것은 당신의 능력이 좋다는 걸 의미하기 때문이다. 이처럼 페라리는 무기와 비슷하다. 이는 즉 무기를 가진 것만으로도 상대는 당신을 공격하지 않는다는 것을 뜻한다. 이것이 바로 '권력'에서 의미하는 억제력Deterrence이다.

억제력은 상대가 나를 쉽게 건들지 못하도록 억제하는 힘을 가진다. 그런데 왜 우리는 '권력'을 논하면서 억제력도 알아야 한다는 말인가? 이유는 명확하다. 문제가 발생할 때 상대가 억제력을 갖고 있다면, 당신은 이 문제를 해결하고 싶어도 해결하지 못하기 때문이다. 그렇다면 이러한 문제는 왜 발생하는 것인가? 그것은 바로 억제력이 지닌 위협력에 기인한다.

예를 들어보자. 당신은 같은 반 친구 A가 B를 괴롭힌다는 사실을 알고 있다. 그런데 놀랍게도 친구 A는 반에서 인기도 제일 많으면서 전교 1등이기도 하다. 당신은 담임선생님께 A가 나쁜 학생이라는 사실을 말하려고 했다. 그러나 눈치가 빠른 A는 당신에게 다가와 갑자기 이렇게 말한다. “친구야, 너 국어 점수 올리고 싶다고 했지? 내가 도와줄게. 아 근데 말이야, 혹시 네 동생이 1학년 3반이라고 했나? 이름이 뭐였더라? 다음에 같이 한번 놀까?”

벌써 상상만 해도 무서운 말이다. 이 말은 당신을 챙겨주는 척하면서 당신과 당신의 동생을 언제든지 위협할 수 있다는 의미를 담고 있기 때문이다. A는 인기도 많고 공부도 잘하는 학생이어서 학교 내 입지가 높다. 이는 무엇을 의미하겠는가? 아무리 당신이 무슨 말을 해도 학교 측에서는 A의 악행을 듣고 이렇게 반응할 확률이 높다는 것이다. “에이, 네가 착각한 걸 거야. A처럼 공부도 잘하고 인기도 많은 애가 왜 굳이 다른 친구를 괴롭히겠니?”

리더가 그 어떤 맹수보다 더 힘이 세야 하는 이유

잔인하지만 이것이 '권력' 왕국의 현실이다. 여기서 A는 맹수다. 인기 많은 전교 1등의 이미지는 A가 가진 억제력이다. A의 억제력은 효과가 있다. A는 당신에게 실질적인 폭행을 가하지 않았지만, 자신이 위협적인 존재라는 사실을 인지시킴으로써 당신이 그 어떤 행동도 취하지 못하도록 막았기 때문이다. (국제 정치에서는 이런 원리를 이용한 가장 강력한 억제력이 핵무기 보유다.)

참으로 화가 나는 상황이다. 그럼 이럴 때 우리는 A를 상대로 무엇을 할 수 있겠는가? 두 가지 방법이 있다. 첫 번째는 당신이 A보다 훨씬 더 큰 억제력을 길러서 A를 혼내주는 것이다. 그래야 당신은 A보다 위협적인 존재라는 것을 드러내며 A가 당신을 쉽게 대하지 못하도록 만들 수 있다. 두 번째는 억제력을 가진 사람의 힘을 빌려서 A를 혼내주는 것이다. 예를 들면 당신의 말을 그 누구보다 믿어주는 좋은 선생님의 힘을 빌리는 것처럼 말이다.

그러나 두 번째 방법은 한 가지 조건이 필요하다. 그것은 바로 신뢰다. 신뢰가 없는 관계에서는 힘을 빌려주지 않는다. 그래서 힘을 빌리고자 하는 사람은 그 누구보다 상대에게 자신을 믿어도 좋다는 메시지를 오랫동안 보내왔어야만 한다. 그리고 증명했어야만 한다.

나는 지금 이 예시를 학교 차원에서 설명했지만, 냉혹한 국제 사회의 현실은 이보다 몇 배는 더 심하다고 봐도 무방하다. 그렇다면 우리는 이 예시를 통해서 무엇을 배울 수 있는가? 그것은 바로 리더는 평화를 위해 목숨 걸고 싸워야 한다는 것이다. 평화를 위해 리더는 그 어떤 맹수보다 더 힘이 강하고 똑똑해야 한다. 억제력이 없는 리더는 맹수 같은 사람, 국가, 그리고 악을 통제할 수 없다. 악을 통제할 수 없는 리더는 리더가 아니다. 리더는 악 이상의 뱀의 지혜를 써서라도 선과 악 모두를 다룰 줄 아는 능력을 갖추고 있어야 하기 때문이다.

이 이유가 바로 '권력'이 '부'보다 훨씬 더 다루기 어려운 이유다. 억제력을 경험하지 않고서는 억제력을 보유한다는 의미가 무엇인지도 모른다. 이를 다르게 말하자면, 큰 그릇은 작은 그릇을 담을 수 있어도 작은 그릇은 큰 그릇을 담지 못한다는 것을 뜻한다. 따라서 참된 리더는 그 누구보다 지혜롭고 그릇이 커야 한다. 그릇이 커야만 평화라는 위대한 가치를 담을 수 있기 때문이다.

리더가 억제력을 극대화하는 가장 쉬운 방법

억제력을 갖추는 쉬운 방법이 있다. 자신이 잘하는 것을 압도적으로 잘해서 최고가 되는 것이다. 이를 뜻하는 단어가 있다. 절대우위Absolute Advantage다. 절대우위를 선점한 사람과는 경쟁이 안 된다. 더 솔직하게 표현하자면 아예 경쟁 자체가 불가하다. 일인자한테 덤벼봤자 내가 질 확률이 높기 때문이다.

그럼 절대우위를 통한 억제력은 어떻게 확보하는 것이 좋은가? 이미 어느 분야에서 절대적 우위 혹은 절대적 억제력을 가진 사람 밑에서 수련하고 내공을 쌓는 것이 좋다. (실제로 찾아갈 수 없다면 적어도 그 사람이 쓴 책이라도 읽어봐야 한다. 책에는 한 사람의 모든 생각, 마음, 그리고 내공이 담겨 있기 때문이다.) 철저히 '권력'의 측면에서 다음의 부분을 강조하겠다. 억제력을 얻고 싶다면 무조건 자신보다 내공이 큰 존재 곁에 머물러야 한다. 그리고 그로부터 모든 것을 배워서 내 것으로 만들어야 한다. 그래야만 작은 그릇을 버리고 큰 그릇을 얻을 수 있다.

열심히 수련하다 보면 어느 순간 수련 이상의 배움이 필요하다고 느껴질 때가 올 것이다. 이때는 계란으로 바위를 치더라도 그 바위를 이겨보고 싶다는 마음이 들 것이다. 계란으로 바위를 친다고 해서 바위가 깨지는 것은 아니다. 그러나 계란은 언제나 바위를 이긴다. 계란은 생명이라는 고귀한 존재를 탄생시키기 때문이다. 바위를 이기고 싶을 때는 철저히 독립하여 죽이 되든 밥이 되든 자신만의 전문성을 길러야 한다. 그때 비로소 당신은 진정으로 성장하게 될 것이다.

성장하면서 정말 큰 노력을 다해야 할 것이다. 그러나 나는 단호히 말하겠다. 이런 작은 일도 해결하지 못하면 더 큰 일은 아예 손도 못 댄다는 것을 말이다. 살면서 그 정도 노력도 안 해보고 어떻게 더 큰 그릇과 억제력 그리고 '권력'을 바란다는 말인가? 평화는 선이 추구하는 최고의 가치다. 최고의 가치를 지키기 위해서는 계란으로 바위도 깨보는 담대함과 용기 그리고 마음이 필요하다.

평화가 존재해야 생명이 존재한다. 따라서 당신은 참된 리더로서 그 누구보다 강해져야 한다. 그렇지 않으면, 당신보다 더 큰 억제력을 가진 악한 이는 당신뿐 아니라 선이 추구하는 모든 것을 막을 것이다. 그러니 잊지 말자. 리더가 되기 위해서는 더 큰 그릇과 더 큰 억제력 그리고 더 큰 지혜가 필요하다는 것을. 그리고 그 무엇보다 생명을 향한 사랑과 선한 마음이 필요하다는 것을.

에필로그

모든 것은 가능하다

THE POSSIBILITY

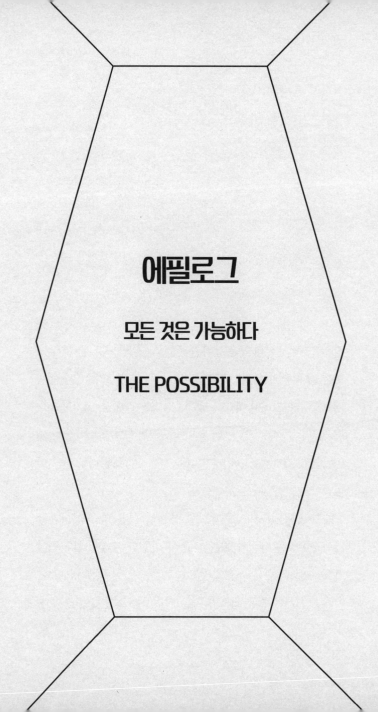

에필로그
모든 것은 가능하다

저는 20살 때부터 교육 봉사활동을 했습니다. 공부를 통해 새로운 삶을 살 수 있다는 기적을 청소년들에게 알려주고 싶었기 때문입니다. 그러나 이러한 저의 소망과는 반대로, 제가 가르쳤던 학생들의 삶은 암울했습니다. 그들은 한순간에 가장이 되어버렸고, 급식비도 내기가 어려웠으며, 수업이 끝나도 갈 곳이 없었기 때문입니다.

제가 학생들을 가르치며 느낀 것은 하나입니다. 이들에게는 가능성이라는 단어가 희미하게만 존재한다는 것입니다. 왜냐고요? 아무리 좋은 마음을 갖고 새로운 삶을 살아보려고 해도, 이들 주변에는 좋은 삶의 방향을 알려주는 어른들이 많지 않았기 때문입니다.

당시에는 저도 어린 대학생이었는지라 아이들에게 해줄 수 있는 말이 많지 않았습니다. 제가 해줄 수 있는 말이라고는 이 말밖에 없었습니다. "얘들아, 우리는 할 수 있어! 우리 좀만 더 힘을 내보자!"

그러나 저도 선생님인지라 아이들의 눈을 통해서 그 마음을 읽을 수 있었습니다. 이미 힘이 다 빠진 아이들에게 저의 응원은 고문과도 같았다는 것을 말입니다. 생각해보십시오. 힘이 없는데, 낼 힘이 어디 있겠는지요.

그럼에도 저는 아이들에게 계속 힘을 주고 싶었습니다. 언제까지 무기력한 상태로만 있을 수는 없었기 때문입니다. 그래서 저는 마음이 아파도, 아이들에게 "우리는 할 수 있어!"라는 말을 끊임없이 했습니다.

제가 이 말을 할 때마다 저의 학생 중 한 명은 매번 이 말을 했습니다. "선생님, 선생님이랑 있을 때는 진짜 할 수 있다는 마음이 들어요. 근데 이상하게 집에만 가면 모든 것이 어둡게만 보여요. 선생님이 책을 써주신다면, 제가 그 책을 보면서 집에서도 기쁜 마음을 가질 수 있을 것 같아요."

이 말을 듣고 제가 했던 생각은 오직 하나였습니다. 대체할 수 없는 실력과 내공을 쌓아서, 아이들에게 1%의 빛이라도 보여줄 수 있는 어른으로 성장하자는 생각이었습니다.

한동안은 좀 더 실력을 갖춘 다음에 책을 쓰자는 마음이 강했습니다. 그러나 저는 한 아이의 고백을 통해 그 마음을 바꾸게 됐습니다. 제가 현실에서 뒷걸음을 칠수록, 아이들도 뒷걸음을 칠 수밖에 없다는 사실을 절실히 깨달았기 때문입니다.

더 이상은 물러서지 않고 아이들과의 약속을 지켜야겠다는 마음이 들었습니다. 그 결심의 결과가 바로 이 책 《교과서의 쓸모 : 부와 권력을 만드는 핵심 개념 20》입니다.

저는 혹시라도 사는 게 너무 힘들어서, 의지할 데가 없어서, 그 어떤 의욕도 없는 학생들에게 이 말을 꼭 해주고 싶습니다. "우리는 우리가 생각하는 것보다 적어도 만 배 이상의 가치를 지닙니다. 하늘은 우리에게 승리하는 삶을 선물로 주기 위해 생명을 허락했습니다. 그래서 우리는 승리할 수밖에 없고 이미 승리의 삶을 살고 있습니다. 우리가 가능성이라는 단어를 마음속에 새긴다면, 우리에게는 모든 것이 가능할 것입니다. 어둠은 빛을 이길 수 없습니다. 여러분은 빛입니다. 빛인 여러분은 승리하는 '부'와 '권력'이라는 도구를 통해 선한 세상을 만드는 데에 앞장설 수 있을 것입니다. 여러분은 할 수 있습니다. 지금도 잘하고 있습니다. 저는 여러분을 믿습니다."

빛은 1%만 있어도 온 세상을 밝힐 수 있습니다. 그런 의미에서 저는 앞으로도 이 빛이 더 밝게 빛날 수 있도록 제가 할 수 있는 최선을 다할 것입니다. 책 하나로 온 세상을 바꿀 수는 없습니다. 그러나 이것 하나는 확신합니다. 적어도 이 책을 읽은 당신의 세상은 바꿀 수 있다는 것을요.

할 수 있습니다. 모든 것은 가능합니다. 그리고 우리의 가능성을 믿습니다.

우리는 우리가 생각하는 것보다
적어도 만 배 이상의 가치를 지닙니다.
그러니 당신만의 가치와 가능성을 보여주세요.
빛나는 은하수의 별처럼.

참고문헌

1. 고등학교 교과서

- 김왕근 외, 《고등학교 정치와 법》, 천재교육, 2015 개정판
- 김종호 외, 《고등학교 경제》, 씨마스, 2015 개정판
- 김진영 외, 《고등학교 경제》, 미래엔, 2015 개정판
- 모경환 외, 《고등학교 정치와 법》, 금성출판사, 2015 개정판
- 박형준 외, 《고등학교 경제》, 천재교육, 2015 개정판
- 서범석 외, 《고등학교 정치와 법》, 지학사, 2015 개정판
- 유종열 외, 《고등학교 경제》, 비상교육, 2015 개정판
- 이경호 외, 《고등학교 정치와 법》, 미래엔, 2015 개정판
- 정필운 외, 《고등학교 정치와 법》, 비상교육, 2015 개정판
- 허수미 외, 《고등학교 경제》, 지학사, 2015 개정판

2. 법령정보 및 법제정보

- 국가법령정보센터, 《대한민국헌법》
- 세계법제정보센터, 《일본국헌법 : 번역본》
- 세계법제정보센터, 《미국헌법 : 번역본》

3. 기타

- 양재찬, 인사이트코리아, "인플레이션 탠트럼 경보", 2021년 4월 1일
- U.S. Mission Korea, U.S. Embassy and Consulate in the Republic of Korea, "Martin Luther King, Jr. : I HAVE A DREAM SPEECH (1963)", 2017년 2월 21일

미주

1) 박형준 외, 《고등학교 경제》, 천재교육, 2015 개정판, p. 108
2) 양재찬, 인사이트코리아, "인플레이션 탠트럼 경보", 2021년 4월 1일
3) 김왕근 외, 《고등학교 정치와 법》, 천재교육, 2015 개정판, p. 12
4) 국가법령정보센터, 《대한민국헌법》, 제1조 제2항
5) 국가법령정보센터, 《대한민국헌법》, 제1조
6) 세계법제정보센터, 《일본국헌법 : 번역본》, 제1장 천황
7) 세계법제정보센터, 《미국헌법 : 번역본》, 전문
8) U.S. Mission Korea, U.S. Embassy and Consulate in the Republic of Korea, "Martin Luther King, Jr. : I HAVE A DREAM SPEECH (1963)", 2017년 2월 21일
9) 서범석 외, 《고등학교 정치와 법》, 지학사, 2015 개정판, p. 13
10) 김왕근 외, 《고등학교 정치와 법》, 천재교육, 2015 개정판, p. 13